杜甫诗传

世事沧桑也寻常

精装畅销典藏版

端木　著

时事出版社
·北京·

图书在版编目(CIP)数据

杜甫诗传:世事沧桑也寻常 / 端木著.—北京:
时事出版社,2019.5(2019.11 重印)

ISBN 978-7-5195-0288-1

Ⅰ.①杜… Ⅱ.①端… Ⅲ.①杜甫(712-770)-传记
Ⅳ.① K825.6

中国版本图书馆 CIP 数据核字(2019)第041205 号

出 版 发 行:时事出版社
地　　　址:北京市海淀区万寿寺甲 2 号
邮　　　编:100081
发 行 热 线:(010)88547590　88547591
读者服务部:(010)88547595
传　　　真:(010)88547592
电 子 邮 箱:shishichubanshe@sina.com
网　　　址:www.shishishe.com
印　　　刷:三河市华润印刷有限公司

开本:880×1230　1/32　印张:8　字数:138 千字
2019 年 5 月第 1 版　2019 年 11 月第 2 次印刷
定价:40.00 元
(如有印装质量问题,请与本社发行部联系调换)

序言

在成都西郊的浣花溪畔，袅袅而立着一座闻名千古的草堂古迹。“背郭堂成荫白茅，缘江路熟俯青郊。”这座看似普通的宅院，因为主人“杜甫”的名号而散发出熠熠光彩。在杜甫漂泊辗转的数年间，杜甫草堂以其静穆的姿态矗立在遥远的西南，仿佛隔绝了戈乱的扰攘劳顿，过滤了中原的哀鸿遍野，为唐代大诗人杜甫提供了一处静谧的心灵栖息所。

作为中国诗歌史上的一颗明星，杜甫已经被人们诉说了上千年，他的诗歌，他的人生，都是无可复制的传奇。

在捍卫儒家信条的书香门第里长大，从童年起杜甫就展示出超人的才华，而这样的早慧似乎也隐隐地决定了他日后必将饱受挫折和磨难。

青年时，他曾经立于泰山之巅，气势磅礴地高歌一曲：“会当凌绝顶，一览众山小。”那一年，在漫漫漂泊之路中，杜甫遇到了知音李白，“诗意的栖息”也莫非如此，当“诗圣”遇到了“诗仙”，他们痛饮狂歌，欣喜若狂，只叹生命匆匆，再美的情缘也将擦肩而过。

中年时，风云突变，他的目光转向了“朱门酒肉臭，路有冻死骨”的残酷现实，伴随着社会中黑暗的裂痕愈来愈大，心系国家的杜甫不禁发出了“感时花溅泪，恨别鸟惊心”的悲叹。

身处乱世空自哀。无奈之下，唯有那远在西南的杜甫草堂尚且能稍稍慰藉他这颗烦乱不堪的心。那段恍如世外桃源般的岁月，是杜甫生命中最美好的回忆。

亲身经历了国家由极盛转衰亡，由平和转战争的突变，他的人生沉浮也与国家的命运息息相关。然而在他的心中，始终未灭的信念一直在风中屹立着——将国家的荣辱置于个人之上，强烈的爱国主义情怀渗透在他生命的每一个角落。

以饥寒之身永怀济世之志，处穷困之境而无厌世之思，先天下之忧而忧，后天下之乐而乐。这位以忧国忧民为己任的诗界才子，为后世树立了一面高风亮节的人格标旗。

幸运的是，作为诗人的杜甫终生远离权力中心的旋涡，这使得他有足够的自由去审视平民眼中的世界，有机会去放眼田园的风光，如此沉郁感人的诗篇才得以流传于世。

“三吏”“三别”的现实主义之音犹在耳畔回响，“富贵于我如浮云”高歌的余音袅袅，杜甫的每一首诗歌，似乎都在向人们娓娓道来一个动人的故事，而每一个故事不仅渗透着杜甫个人的生命体验，更掺杂着历史的心酸，伴随着国家的荣辱。“无边落木萧萧下，不尽长江滚滚来。”

在经历了行舟飘荡的艰难曲折之后，他伟大的灵魂最终在充满了灵气却有点悲凉的水流之上走向了天堂。

从故纸堆里翻找楷模，杜甫之名熠熠生辉。想来鲁迅先生曾经夸赞杜甫的“民族脊梁”一语，终于在此处找到了注脚和方向。

目录 CONTENTS

第三章　以诗抒心难画殇

第四章　凌乱时光再回首

第七章　半生沧桑半生秋

第八章　曲终散尽诗未老

第一章

梦中少年热血成

在黄河南岸巩县城东的瑶湾村，这个距离洛阳140余里的小山村中，一声婴儿的啼哭划破了静默的时空，这个崭新的生命朦胧着惺忪睡眼贪婪地捕捉着世间的一切光景。

第一节

京兆杜子，少年志于尧舜上

公元712年，唐玄宗即位。那年正月，春天的气息正悄悄地走在路上，泉水清冽，游鱼招摇，明媚的阳光缓缓地伴随着伊洛河的河水流淌。在黄河南岸巩县城东的瑶湾村，这个距离洛阳140余里小山村中，一声婴儿的啼哭划破了静默的时空，这个崭新的生命朦胧着惺忪睡眼贪婪地捕捉着世间的一切光景。杜家门前车水马龙，只是谁都不曾想到，这个普普通通的新生儿，将要用生命之笔写出怎样的宏伟诗篇。

他就是杜甫，将成为照耀诗坛万古璀璨的巨星。

《论语·学而》云："慎终追远，民德归厚矣。"细细追溯，杜氏家族，历代大都当官为宦，"远自周室，迄于圣代，传之以仁义礼智信，列之以公侯伯子男。"（《唐故万年县君京兆杜

氏墓志》）

杜甫是晋代名将杜预的第十三代玄孙，这位出身京兆杜陵的名将曾经战功赫赫，用兵足智多谋，以一腔爱国热情在战场上英勇报国。“在官则观吏治，在家则滋味典籍。”（《春秋左氏传集解·自序》），在杜甫心中飘扬的那关于杜氏远祖的神话恍如一面永树不倒的旗帜，在他后半生飘游世间之时，成为激励他前行进步的巨大动力。

杜预少子杜耽官至晋凉州（甘肃武威）刺史，而其孙杜逊迁居襄阳，官拜魏兴（陕西安康西北）太守。杜逊便是襄阳杜氏的始祖，而逊子乾光的玄孙杜叔毗之子鱼石曾获嘉（在河南省）县令。鱼石之子依艺因获巩县令而迁居河南巩县，经历周转，于是京兆杜陵世家终于在黄河河畔的巩县定居下来。追忆远祖京兆杜陵人，大多“奉儒守官，未坠素业”，在有悠久传统的官僚世家的熏陶之下，杜甫平生致力于营谋官职的鸿鹄之志就显得理所当然了。

经历过祖父、初唐著名诗人杜审言的万丈雄威，直至曾任兖州（今属山东）司马的父亲杜闲之时，风光凋零，杜家之势已然不如往日眩目，近世官职虽不如远祖，但门庭若市的繁荣之景依然隐约可见。在杜甫年少之时，相对富裕的家境为其成长、读书和漫游提供了良好的物质基础。

杜甫的一生正经历了唐王朝由极盛转衰的骤变之期，在杜甫降生的这一年，恰好是唐玄宗李隆基登上天子宝座的一年，“贞观之治”、“开元之治”的历史大幕相继拉开，一派繁荣盛况正在酝酿：

“是时海内富实，米斗之价钱十三，青、齐间斗才三钱。绢一匹，钱二百。道路列肆，具酒食以待行人。店有驿驴，行千里不持尺兵。天下岁入之物：租钱二百余万缗，粟千九百八十余万斛，庸调绢七百四十万匹，绵百八十余万屯，布千三十五万端。”《新唐书·食货志》

“海晏天空，万方来同。”朝气蓬勃、充满生机的宏大盛唐气象，赋予了杜甫非同一般的视野和抱负。杜甫降生之时，虽然另一位浪漫主义伟大诗人李白尚为幼童，而在他之后的一位现实主义伟大诗人白居易尚未出世，然而，初唐时期的诗歌技巧初探，陈子昂、张九龄，以及王、杨、卢、骆等“四杰”为扫荡齐梁柔弱绮靡之音所作出的努力，为诗歌的改革发展作出了先驱性的尝试，也隐隐地为杜甫时代的诗歌繁盛的到来做好了铺垫。

杜甫之母是清河大族崔家之女，杜母在年幼的杜甫尚未记事之时，就撒手人寰，继母卢氏过门之后，杜甫被迫寄养在洛阳仁风里的姑母家，贤德仁慧的姑母在杜甫的生命中代替了亡母的角色，给予幼小的杜甫以胜过亲子的关怀，也给了他最早的人情之教；以至于后世生命中，杜甫怜悯民生、感怀疾苦的思想形成，与姑母的言传身教有一定的关联。

童年的生活简单而烂漫，记忆中的点点浪花浮动闪耀，直至晚年，那一幕幕朦胧的图景如同斑斑卵石漫过岁月的河水，悄然浮现。

犹记得 6 岁那年，公孙大娘的袅娜身姿，妖娆地舞动着“剑器”（一种戎装舞蹈），节奏铿锵，忽而随波辗转，时而戛然静止静合，又如蛟龙腾空，如潜鱼入海，如同雷霆骤然停息，天地之间一片静穆，她伸展舞姿，英姿卓立，耀眼的光彩一圈圈地荡漾开来，一直氤氲到杜甫创作今后长久的诗歌生命中。

犹记得 7 岁那年，一首《壮游》第一次打开了杜甫诗歌创作之门。杜甫笔下所吟咏的，绝非普通的白毛红掌之鹅，而是具有祥瑞之兆的神鸟凤凰，“七龄思即壮，开口咏凤凰。”杜甫一开口，就不似一般诗童表现个人的哀乐，心中所向，全是对国家、对民族的那份苦恋和期望。俗言语：“三岁看大，七岁看老。”自小便心系国家之举，为他今后续写现实主义的爱国诗篇悄然奠基。

犹记得 9 岁那年，杜甫书大字“工书翰，有能名”，试与东晋王羲之比高。“凤凰池上应回首，为报笼随王右军。”（《得房公池鹅》）据明人胡俨“尝于内阁见子美亲书《赠为八处士》诗”的墨迹，“字甚怪伟”（马宗霍《书林藻鉴》）。可惜的是，历史风化了杜甫幼年时的那一口袋的大字以及“字甚怪伟”的墨迹。至于巴州的严武诗摩崖石刻上的遗迹，已经无从考据是否为杜甫手笔了。

“往昔十四五，出游翰墨场。”及至午勺之年，杜甫风风火火地开始了文坛上的社交活动，而不同于同辈，杜甫的横溢才华博得了一众前辈的赏识，与之交往的多是一些老辈诗人：“脱略小时辈，结交皆老苍。”杜甫清新的诗文被当时的洛阳名士崔尚、魏启心等“苍老”赞誉为可与汉代的文章大家班固、扬雄并肩媲美。年纪尚浅的杜甫竟然颇受资深老辈们的青睐，可见此时的他已然展现出超人的才华。在《奉赠韦左丞丈二十二韵》中，杜甫曾这样表白：

读书破万卷，下笔如有神。
赋料扬雄敌，诗看子建亲。
李邑求识面，王翰远卜邻。
……

他发愤地读书，读有万卷之多。有了书籍的积累，才能在作文章时出神入化。料想自己的词赋可与扬雄匹敌，论起诗歌，可堪与曹子建相近。李邕前来拜访，希望与我相识；王翰从远方而来，愿与我结成近邻。

在翰墨场上的驰骋张扬，彰显出年少杜甫的意气风发，另一方面更表现出他暗暗隐藏的雄心壮志。若是简简单单地误以为这是杜甫恃才自负、自我吹嘘的夸大其词，未免有些断章取义；实际上杜甫的童年的确充斥着如海的诗歌和书籍，刻苦读书，勤奋写作，机敏过人。与前辈们的交往，更让他信心倍增、眼界大开。

在苍苍老辈们的引荐之下，杜甫得以与上流社会中的显赫人物交往熟识。唐睿宗的第四个儿子李范是当朝皇帝唐玄宗的弟弟，曾被封为“岐王”，爱好文艺的岐王好与文人志士相交；崔涤曾列秘书监之位，作为中书令崔湜的胞弟，自然与玄宗皇帝关系甚密。而青年时候的杜甫正是“岐王府里”和“崔九（崔涤）堂前”的往来常客，这种经常性的文艺沙龙为杜甫在浮躁凡世之中提供了难得的艺术心灵的栖息空间。

及至晚年的杜甫漂泊在湖南之时，再一次和曾经与自己一样游走名门的著名音乐家李龟年邂逅在江南的落途，这段年少青葱时光再次浮游上记忆的海滩，抚今追昔，不禁沉沉地慨叹一声“同是天涯沦落人”，一切已然不再。怅惘迷离间，一首

《江南逢李龟年》跃然纸上：

岐王宅里寻常见，崔九堂前几度闻。

正是江南好风景，落花时节又逢君。

曾经在岐王府里常常见到李龟年高超的技艺，又曾经在崔九的堂前多次欣赏曼妙歌声。此时的南国，正值一派江山如画，在江南最好的季节里，落英缤纷，繁华落尽满地，却能碰巧再次相逢相遇。

世事沧桑，年华盛衰，人情聚散无期，恍如潮起潮落般，看似闲逸有律又无从把握的时光。暮年再见幼时友人，大半生已经过去，彼此的凄凉寥落，在这短短的28字中，繁衍出无数深意。不仅仅是对颠沛流离人生的唏嘘，更寄寓着杜甫对开元初年国事鼎盛的眷怀。这份凝重和深沉的诗情，或许唯有经历生活沉淀之后的杜甫才能感悟得到。

不舍赤子之心的杜甫少年老成，怀揣着超人的聪明机智，焕发着五彩缤纷的童年。然而，读书、习字、观舞、赏乐这般翰墨场中悠游自在的生活，对于“性豪业嗜酒、嫉恶怀刚肠”的胸怀大志之人而言，毕竟感到天地狭小，内心压抑，难有作为。巨大的抱负，宽广的眼光，过人的才华和高超的眼界，使杜甫立志奔向更为广阔的空间。对于雄鹰来说，天空才是他的世界。对此而言，一个美丽而艰辛的筑梦之行即将拉开帷幕。在这个过程之中，必然会有更多新奇迥异的收获。

历史车轮滚滚而过，初露头角的杜甫正在以独特的方式留下浓墨重彩的一笔，从年少时的尧舜之志，就开始了谱写传奇的一笔。在未来的日子里，他的生命将要在诗坛上留下最美的痕迹。

第二节

少年优游，吴越大地长啸哗

幼时杜甫身体不健，在姑母的悉心照料之下，得以茁壮成长。童年时期优越的家庭生活为杜甫的成长提供了充足的保障。纵然少年成才，与老者为友，然而稚气未脱的他仍然不失孩童顽皮的本性。八月秋高气爽，枣树和梨树映日争妍，只见这个快乐的男孩壮如黄犊，爬上蹿下，灵活如猴，欢声笑语飞满庭院，无忧无虑的童年生活自然快乐。

时间如白驹过隙，转瞬即逝，渐入弱冠之年的杜甫渐渐变得成熟稳重。对于未来生涯，自然也开始有了自己的规划和打算。

盛唐时代歌舞升平，当时的知识分子并不囿于枯燥的书斋生活，常常在读书之外喜欢交游天下，纵览四方。在这样的世风影响之下，“读万卷书，行万里路”的思想开始在杜甫的脑海中扎根滋长。踏着盛世的步调成长，及至杜甫壮年，恰逢“开元盛世”的大好局面。经济繁荣，国力昌盛，民生安定，这样的优越社会环境为知识分子们交结漫游提供了良好的基础。

“读万卷书，行万里路。”这是众多古代文人志士的共同诉求，亦成为人们拓展功名前途的重要途径。正值青春壮年，完成学业文章，装满满腹经纶之余，纵游名山大川，浪迹天涯海角，实在是一件令人羡慕的美事。古之大诗人李白曾说：“以为士生则桑弧蓬矢，射乎四方，故知大丈夫必有四方之志。乃杖剑去国，辞亲远游。南穷苍梧，东涉溟海。”（《上安州裴长史书》）这反映了当时有志之士的普遍心态和共同追求。

随着雄鹰的羽翼日渐丰满，它对观察外面世界的渴求也越来越强烈。无数次地仰望天空，无数次地畅想未来，想要在更加广阔的天空下一展雄姿。

身怀济世之志，杜甫自然不安于平凡而安稳的居家生活。在命运之神的眷顾之下，一条辉煌而艰难的生命之路将要在他的眼前铺展开来，至于通向何方，无人知晓。

开元十九年（公元 731 年），刚刚年满 20 岁的杜甫正式踏上了漫游之路，经过淮阴、扬州，渡过长安，到达江南……他未能预料其中的坎坷挫折，只是凭着一腔少年热血，怀着求仕治国的抱负，告别了故乡的山川草木，告别了那些曾经的美丽与哀愁，开始踏上一段崭新的生命历程。

雄姿英发，豪情满怀，首次离开家乡河南的杜甫从洛阳经水路抵达梦寐以求的江宁（今江苏南京），古来兴亡多少事，河水悠悠向东去。这座有着浓郁历史气息的古城，正默默地伫立在流逝的岁月中，以最直观的方式诉说着古老的记忆。

期盼已久的晋代名家顾恺之的壁画，正在秦淮河北岸的瓦棺寺展示着其艺术的身姿；曾经在记忆中的顾恺之大师面壁作画的情景历历在目，终得集齐百万钱贯，留得艺坛佳话。古之顾恺之大师犹能如此，而正值青年的自己又何曾畏怯？想到这里，杜甫越发坚定了追逐梦想、出人头地的决心。

告别了江宁古城后，杜甫又辗转来到春秋时期的吴国国都苏州。苏州阊门外，吴王阖闾的坟墓正在城西北的虎丘山上傲然而立，似乎在娓娓诉说那段曾经的风雨历史。时隔百年，虎丘山已经在岁月的风化中愈显凄凉，相传秦始皇为挖掘阖闾墓而留下的剑池，依附丈高石壁而立，下望水深莫测，往日风光不再，只留下沉淀的记忆悲吟。

物是人非，水汀沙渚间早已湮没了帝王的踪影，唯留荷花残叶几片，轻轻吐露着芬芳。当杜甫穿过虎丘，经过剑池后，走进了城西北供奉着深明大义的周朝祖先古公父之长子的太伯庙。他怀着敬仰之情虔诚地拜谒这位为手足之情而避居勾吴、舍帝位的太伯，望着眼前之景，念及自身之情，不禁慨然落泪。

游历了大半个华夏之地之后，杜甫对于未知世界的渴望越发强烈，后来竟萌生了乘兴东渡日本的想法，想要一睹传说中“太阳初升之处”的风采。原本杜甫已经租好了航海的各种船只，计划乘着长江干流往下，直入东海，奔向传说中的日出之地的“扶桑国”。想来以往鉴真高僧曾历尽千辛万苦，耗费数十载、经过六次尝试才东渡成功，而杜甫的东渡之行必将困难重重，终成虚幻。因此直至晚年，他对此事还念念不忘，在《壮游》中叹道：“到今有遗恨，不得穷扶桑。”

东渡之行的计划终为土灰，杜甫漫游的脚步却越发坚韧。他又南渡了钱塘江，游历了春秋时越国国都会稽山城，凭吊了秦始皇统一六国之后南游会稽的历史遗迹，重温了越王勾践卧薪尝胆破吴归和枕戈雪耻的历史传奇。时值盛夏，傍湖而立，杜甫享受着湖面送来的徐徐凉风，游赏了山清水秀、竹茂林深的剡溪（今浙江省嵊县南），大开眼界，徜徉不已。

经历了 5 年辗转奔波，杜甫最终把此次吴越漫游之行的终点定在天姥山下。天宝四载（公元 745 年），李白曾写下《梦游天姥吟留别》的壮丽诗篇：“天姥连天向天横，势拔五岳掩赤城。天台一万八千丈，对此欲倒东南倾。我欲因之梦吴越，一夜飞度镜湖月。”“虎鼓瑟兮鸾回车，仙之人兮列如麻”似在眼前。

这飘逸的场景没能在杜甫的诗篇中再现，然而“安能摧眉折腰事权贵，使我不得开心颜”的豪迈气概却同样呼喊出了杜甫的心声。

历时四载春秋，游览多地，徜徉在古风古韵的江南胜地，饱受着大自然的熏陶和历史的沧桑，杜甫深深地迷上了祖国的秀丽山川和光辉灿烂的文物古迹。一股发自于内心的热爱生活的气息油然而生，杜甫的视野和心境在漫游之途中越发宽阔，延展出丰富的情感枝杈。

开元二十三年（公元 735 年），杜甫驾一叶扁舟踏上了归途。一路上青山相对出，碧水中间流，莺歌燕语嘤嘤成韵，仿佛是回旋的凯歌。跨越千里征途，一汪激流将他终于从越地带回了阔别已久的故乡洛阳。

杜甫此次归洛，既是对许久以来漫游生活的暂时作结，另一方面，也是为了准备参加即将到来的进士考试。对封建社会中的知识分子来说，跻身仕宦之列、建功立业、光宗耀祖是人生中的一大要事。这次科举考试，对身出官宦进士世家，从小受到正统儒家思想的濡染的杜甫而言，自然是期盼已久的。

此时的杜甫正当青春年少，原本便有“读书破万卷，下笔如有神”的学业资本，加之此次游历积攒的“致君尧舜上，再使风俗淳”的伟大志向，因此，踌躇满志的他认为此次进士及第已尽在囊中。

然而时运不济，命途多舛，古之伟者必遭多难。这位自以为文才上可匹敌屈原、贾谊、高可俯视曹植、刘祯的高标之士，却在第一次求第的道路上惨遭不幸。此时的杜甫年纪尚浅，追逐梦想的机遇还多，不似后来那样特别执着于功名利禄。未料的失利并没有击碎杜甫的信心，五彩斑斓的生命色彩让他重拾追逐梦想的勇气。

在“忤下考功第”之后，杜甫便“独辞京尹堂”（《壮游》），拉开了第二次漫游天下的序幕。

第三节

登楼极目，兖州城上临古意

开元二十四年（公元736年），怀揣着一腔雄心壮志，杜甫踏上了第二次漫游之路。

此时，正值开元盛世，普天之下，一派“是时仓廪实，洞达寰区开”的繁荣景象。杜甫的父亲杜闲正任兖州（今属山东）司马之职，这给杜甫提供了再次从洛阳出发作北行齐赵（今山东省和河北省南部）的漫游机会。

杜甫在前往兖州探望父亲之时，登上兖州城楼，极目远望，蓝天之中浮云飘荡，仿佛重重山峦镶嵌在图画之中；平野苍茫，穿越泰山的上空，远远地伸向青、徐二州，杜甫的心神似乎也随之延展至远方。穿越时空之境，他仿佛看见峄山上残留的秦始皇功德碑，曲阜城中一代学圣孔老夫子的陵墓，物是人非事事休，凭高怀古，登临怀远，不禁感慨万千言难尽。

这一时期，杜甫还借机游历了任城（今山东济宁），在青疏的秋景秋色中，与任城主簿同游南池，徜徉在古风古韵的旧城中，一种难言的美感从心底油然而生。

公元七三六年的那首《登兖州城楼》是纪念那段时光的最好确证：

东郡趋庭日，南楼纵目初。
浮云连海岱，平野人青徐。
孤嶂秦碑在，荒城鲁殿馀。
从来多古意，临眺独踌躇。

——《登兖州城楼》

古雄而浑，律精而微。这篇杜甫最早的五律诗歌，实则气势雄健，虚则态度谐婉，以写实之境与写虚之情杂糅自首至尾如同行云流水，虽稍显青涩稚嫩，却已经悄悄显露出杜甫之诗顿挫多情的表征。对那段的岁月的诗意阐释，彰显出杜甫将诗歌立足于生活的艺术初探。

借着父亲任兖州司马之机，徜徉在齐鲁大地的时光成了杜甫后来难以忘怀的美好回忆。

在抵达齐赵旧地（今山东和河北省南部）的时候，杜甫偶然结识了好友苏源明。他乡遇知己，对于孤零远游他方的杜甫来说，实在是一大幸事。春日和煦，阳光微醺，杜、苏二人择佳日登临古时候的邯郸赵王丛台，在历史的古迹中徜徉，缅怀古人，纵情放歌。

春去秋来，隆冬而至。杜、苏之间的情谊越来越深厚。在那片齐景公曾畋猎过的青丘（今山东益都附近）皂枥林中，他们踏着冬日的积雪，奔驰出没在山冈丛林之中，追逐着四散奔逃的雄鹰野兽。一声雕翎箭骤响，只见天边大鸟徘徊而坠，苏源明被杜甫高超的箭术折服了，忍不住赞叹其为晋代将军葛强（征南将军山简的爱将）再世。

在《壮游》的诗中，杜甫曾对这段生活印象颇深：

放荡齐赵间，裘马颇清狂。

春歌丛台上，冬猎青丘旁。

呼鹰皂枥林，逐兽云雪冈。

射飞曾纵鞚，引臂落鹙鸧.

苏侯据鞍喜，忽如携葛强。

快意八九年，西归到咸阳。

秋暮将至，落叶缤纷，一派萧瑟景色之中，杜甫与苏源明相携而行，共同登上壮伟的泰山之巅日观峰，昂首仰望八荒，俯视奔涌河流，正值青春年少的杜甫是多么意气风发，豪情满怀!

这一次齐赵之游连同上次的吴越之游，前后历时长达十年时光，这期间，他饱受人间沧桑苦楚，尝尽世道悲欢离合。青年时期的两次游历生活让杜甫大开眼界，遍历祖国山川湖海，与大自然这般亲密接触，才真正地感悟到何为“美”，何为“伟”，这众多经历为他后期的诗歌生涯铺下了良好的生活沉淀，这种沉淀最终将在文字画龙点睛般的魔力下，绽放出光彩夺目的花朵。

如果后期的积累对于杜甫来说是走向艺术成熟的重要一步，那么前期的诗歌理论学习则为杜甫打下了扎实的专业基础。

杜甫自幼生长在浓郁的洛阳文化氛围里，祖父杜审言的诗法给了杜甫最早的诗歌艺术启迪，这位被誉为初唐七律佼佼者的诗人开了唐代“近体诗”的先河。他的作品造语新奇，气势豪迈，一扫初唐以来沿袭六朝的靡靡之风，与即将酝酿的盛唐印象颇为契合。除了祖父的熏陶之外，杜甫还积极从六朝诗人中寻找学习的楷模。无论是谢朓、谢灵运还是鲍照、庾信，都给杜甫在诗歌方面予以启蒙式的教育。

善于观察生活的杜甫，常常把眼光置于细小的微物上，从看似平常的题材之中，从短小的咏物诗篇中，挖掘它们的内涵深意。一次偶然的机会，当杜甫看到一位房兵曹的骁勇善驰、凌厉奇异的胡马时，便忍不住热烈地加以赞颂，写下了《房兵曹胡马》一诗：

胡马大宛名，锋棱瘦骨成。
竹批双耳峻，风入四蹄轻
所向无空阔，真堪托死生。
骁腾有如此，万里可横行。

——《房兵曹胡马》

据说房兵曹的这匹马是产自大宛的名马，精瘦的体骨像刀锋一般凌厉清俊，棱角分明的双耳如同斜削的竹片似的，透着机灵和敏捷。静止时给人霸气之感，动起时则四蹄生风，犹如远离地面、踏步云间一般轻盈；骁勇奔腾的千里马不以道路的空阔遥远而却步，伴它而驾，大可放心地驰骋沙场，纵横四方，甚至连生命的安危都值得放心地托付于它。若能拥有一匹像这般奔腾勇猛、堪托死生的骏马，简直可以横行万里之外，大胆地为国建功立业了。

一句真挚的“所向无空阔，真堪托死生”之语，进一步向人们张扬了骏马的高尚品质和英雄气概。简直是位身怀壮志、血气方刚的男子化身。杜甫就有这般本领，一个看似漫不经意的“真”字，大有慨叹当世之中人不如马之意。

诗人恰似一位丹青妙手，几笔随意的渲染，便传神地为人们刻画出一匹神骨清俊的“胡马”形象，遒劲豪迈的笔下充溢着凛凛生气，看似是简单地赞美横行万里、所向无阻、骁勇善驰、可托生死的胡马，实则是诗人杜甫雄心壮志的自我表白——书生寒士期冀于盛世中建功立业、朝气蓬勃的英勇气概，锐于进取，渴求一腔才气赢得伯乐的赏识以及对他未来前途的无比信心。这般虚实交错的写法，于艺术技巧中显示出人格的魅力。

又例如白绢上所展现的一只苍鹰的静物描摹，忽让他驾着想象的翅膀腾飞，仿佛看见真正的雄鹰正在苍天之上自在飞舞。一首《画鹰》跃然纸上。

素练风霜起，苍鹰画作殊。攫身思狡兔，侧目似愁胡。

绦鏇光堪摘，轩楹势可呼。何当击凡鸟，毛血洒平芜。

——《画鹰》

一阵乍起的肃杀风霜之气渲染在洁白的画绢上，原来是画上苍鹰的凌厉姿势如同携带着风霜的余威而起。苍鹰的眼睛与猢狲的眼睛有着同样犀利的眼神，它的背部圆拱，耸身而立，做出好像要攫取狡兔的模样。神采飞扬的苍鹰形态逼真，仿佛要挣脱拴系用的丝绳和金属圆轴，展翅飞翔，奔向无尽的天际；悬挂在堂前廊柱上的画鹰，气势灵动、气贯万夫，好像呼之欲出一般逼真。

画鹰与真鹰，雄鹰与杜甫，真真假假，难再分辨。风毛雨血，洒野蔽天。希幸画鹰能够变成搏击苍空的真鹰，奋飞到云间碧霄去搏击凡鸟。借咏“画鹰”表现出的是杜甫个人的奋发图强之志，疾恶如仇之意。

这首与《房兵曹胡马》约作于同时的《画鹰》正值杜甫意气风发的年少之时，这番快意生活自然充满了朝气蓬勃的青春活力，“句句是鹰，句句是画。”借笔画鹰实则画心。以雄鹰的威猛姿态和神武之情，张扬着杜甫的个性和激情。对杜甫而言，平稳庸碌的一生绝非是他的追求，昂扬凌云的磅礴人生才是他真正的心中所向。

从此时始，杜甫就在简单的咏物诗上挖掘着蕴含生命厚度的深意。赞马而不限于马，题画而不缚于画；既把握住了对象，又不受对象的束缚，这般弦外之音、言外之意才是咏物诗的超常特色。五律形式的工整并不影响情感的酝酿和扩张，这才是达到了真正的诗境之意。

“不废江河万古流”（《戏为六绝句》），青年时代的杜甫写的诗歌，见证了他曾经飞扬的青葱年华，也与盛唐中的众多诗人一样，极具浪漫主义和理想主义的色彩。这是他艺术长河中最早积聚的涓涓细流。“黄河之水天上来，奔流到海不复回”。这看似漫不经心的微弱小流正沿着更加宽广的河道，曲折蜿蜒，奔向遥远的更加辉煌的未来。“浑涵汪茫，千汇万状”——那将是无比壮丽的奇景。

第四节

齐鲁青未了，一腔热血化《望岳》

一代“诗圣”并不是一蹴而就的，经历了生活的积累、生命的感悟、诗才的触发，灵感的巧构，由此促成了诗歌艺术的长足进步。

他漫游齐赵期间的那段经历，对于后来转换成富有魅力的文字极具重要意义。在杜甫的诗歌发展史上，《望岳》一诗可谓是杜诗之源。当他漫游到东岳泰山脚下的时候，那绵延不断、高耸挺拔的层峦叠嶂，已经深深地扎根在他的脑海中。所有的精神一瞬间都积聚在巍峨的高山上，诗兴灵感被美景刺激迸发，最终成就了《望岳》这首千古绝唱。

岱宗夫如何？齐鲁青未了。
造化钟神秀，阴阳割昏晓。
荡胸生层云，决眦入归鸟。
会当凌绝顶，一览众山小。

——《望岳》

泰山究竟是怎样的形象，那抹匍匐的青翠山色无穷无尽地屹立在齐鲁大地上；大自然的造物者似乎把所有的神奇与秀美之景全部都汇聚于泰山身上，山南和山北，阴阳相隔，天色被切割成一明一暗不同的色调。

冉冉升起云霞，雾气令人胸怀激荡，激昂澎湃；眼睛瞪大，仿佛眼角要开裂一般，眼神始终追随着暮归时隐入山林的鸟儿。望着高耸入云的泰山，心中感慨万千。“曾经沧海难为水，除却巫山不是云”，他誓要攀上泰山的顶端，登临天下，一览无余，体会一番孔子语下的“登泰山而小天下”之感。

这首杜甫青年时代的杰作，是作者写于其现实主义情愫还未完全成型的时候，充溢着浪漫主义的激情与昂扬。巍峨秀丽的泰山壮观与杜甫内心充盈着的积极进取、乐观开朗的雄心壮志相映生辉，熠熠闪光。从不同的角度去“望”，从不同的角度展现，欲罢不能。

尤其是“齐鲁青未了”一句，在文坛上博得众家喝彩，泰山的宏伟广博、郁郁葱葱尽在这5字之中，在《唐诗选脉会通评林》中，郭濬慨然叹道：“他人游泰山记，千言不了，被老杜数语说尽。”

此时的杜甫初出世事，才华了得，尚且处于意气飞扬的阶段；杜甫的盛年与国家的盛世之时不谋而合，在这样的安排之下，他自然有着超乎常人的“会当凌绝顶，一览众山小”的霸气。

在青年时写了《望岳》之后，杜甫分别在中年与暮年又作了两首《望岳》，同是举头之望，却再也没有了少年时的豪情壮志，难隐壮士失意之感，英雄迟暮之情，这般消极待解的情愫无边无际地蔓延在笔端。

西岳崚嶒竦处尊，诸峰罗立似儿孙。
安得仙人九节杖，拄到玉女洗头盆。
车箱入谷无归路，箭栝通天有一门。
稍待秋风凉冷后，高寻白帝问真源。

——《望岳》

此时的杜甫正处于官场的风口浪尖之上，来自四面八方的寒风冷雨扑面袭来，在经历了人生的历练，参透了生命的苦乐后，他的目光从曾经巍峨雄伟的泰山转向了山势峻峭、群峰挺秀的西岳华山，在这座“奇险天下第一山”中找到了人生体验的契合点。

险峻高耸的西岳华山如同一位德高望重的长者，无论风雨怎样侵袭都岿然不动地屹立在原地；周边的各个山峰像是儿孙绕膝前。如何才能求得仙人的九节杖，以它为伴帮助自己登上华山的玉女祠来瞻仰传说中玉女洗头的地方呢？一旦进入了车箱谷就再也没有了归路，狭窄的小道像通天的箭尾直接抵达天门，路途愈来愈险，也越来越难攀爬。只能稍稍等待到天气转凉之后，再登上山峰顶端，放眼山川全貌，问询白帝真源。

“岁月不饶人，盛年难再来。”杜甫再也难有“会当凌绝顶，一览众山小”的豪情壮志，只能退缩为“稍待秋风凉冷后，高寻白帝问真源”。这样的改变不仅是稍有年纪之后体力的变化，更是杜甫在世间摸爬滚打逐渐成熟之后的心态变化。

漫游之后，杜甫开始了艰难的求仕之路，然而，少年时候曾有的众星捧月的感觉再也找不到了，一次次地敲响科举大门，一次次地以失败告终，因此诗中难免流露出彷徨失意之感。此次登岳，已经超乎现实中的华山攀登，更是作者在攀登人生高峰时的自我写照。空有一番理想抱负，却只能空空自想，终将难以实践。坎坷的仕途、人情的冷暖在热闹之后冷却下来，杜甫得以回头审视自己的人生，这种诗意的彷徨成了“望岳”的主调。

至于暮年的《望岳》，诗调则更加低沉深远，咏衡山的《望岳》是暮年杜甫的心境写照。在暮年的《望岳》中，开始出现了“寂寥”、“绝壁”、“衰俗”等充满压抑性的词语。晚暮之年的杜甫，在经过了生活的沉淀之后，越发善于挖掘生命的哲学意味，他的人生也变得更加老道沧桑。曾经热衷的个人名利得失早已看淡，此时，沉吟在心中的爱国之情不断升华。“三叹问府主，曷以赞吾皇。”即使身处江湖，仍然忧思其君，心系国家。

三首《望岳》，三种心境，恰好能代表杜甫青年、中年、晚年三种不同人生阶段的生命形态。在杜甫的诗作中，可能以第一首《望岳》的艺术成就最高，而于他个人而言，这三首《望岳》都有着十分重要的意义。

咏泰山的《望岳》记录了壮年时期的杜甫积极奋进、光芒四射的人生，山之雄奇伟岸与他当时飞扬高昂的人生态度相契合，凸显出豪情满怀的斗志和永不服输的精神；而写咏华山的《望岳》正值诗人受诬陷被贬官之后，失意的人生让他对现实颇为不满，内含着深深的梦碎后的失落感和悲伤情。晚年咏衡山之《望岳》则语气柔和平淡了许多，不再有壮年时候的大喜大悲，也不再过多计较生命中的得失荣辱，只是将波澜壮阔的生命化作潺潺溪流，显得平静而祥和。这般思想的转变是明显的，然而他的忠君爱国之情却积聚的越来越深，越来越伟大。

三首诗歌，折射了杜甫三个时期人生历程的悲苦辛酸。伟大的杜甫作为唐代诗坛的后起之秀，必定要打破浪漫主义的枷锁，踏着时代的步伐继续前进，最终攀登上诗歌艺术的高峰。

第二章 峥嵘岁月青年行

“李杜文章在，光焰万丈长。”一位是天性浪漫的豪迈之士，一位是忧国忧民的仁义之才，他们都有着豪爽的性格、坦荡的胸襟和疾恶如仇的强烈个性。在共同理想和志向的指引下，两朵火花碰撞的一霎，摩擦出最美的瞬间。

第一节

李杜结谊，高山流水遇知音

中国文坛“文人相轻，自古而然”（曹丕《典论·论文》），然而在历史之上，总会有一对又一对的“双子星”，他们相衬相映，相扶相生，承载着文学之光，友谊天长地久。

犹记得当年的一代学圣韩愈曾经慨然叹道：“李杜文章在，光焰万丈长。”一位是天性浪漫的豪迈之士，一位是忧国忧民的仁义之才，他们都有着豪爽的性格、坦荡的胸襟和疾恶如仇的强烈个性。在共同理想和志向的指引下，两朵火花碰撞的一霎，摩擦出最美的瞬间。

传说古时伯牙擅长弹琴，钟子期长于聆听。伯牙鼓琴峨峨若泰山，志在高山；钟子期善听洋洋若江河，志在流水。高山流水遇知音，生死相隔琴弦断。相识满天下，知心能几人。这段传奇历史一直成为人们口中津津乐道的佳话。

古今中外，这些拥有着高山流水般知音之感的文士们并不少见，如古之屈原与宋玉、辛弃疾与陈亮。诗仙李白与诗圣杜甫，因为同样高超的诗歌技艺和伟大友谊，为后世人代代传为美谈。

公元七四四年（天宝三载）的孟夏，李白与杜甫，唐代诗坛上最伟大的两位诗人，在茫茫人海中，于人才荟萃的东京洛阳邂逅相会，从此两位大诗人之间亲如兄弟的友谊在岁月里安然绽放出最美丽的花朵。

李杜之间的友谊被人们口耳相传。当年，闻一多先生曾在《唐诗杂论·杜甫》中有过十分精彩的论述：

“我们应当品三通画角，发三通擂鼓，然后提起笔来蘸饱了金墨，大书而特书。因为在我们四千年的历史里，除了孔子见老子（假如他们是见过面的）没有比这两人的会面更重大，更神圣，更可纪念的。我们再逼近我们的想象，譬如说，青天里太阳和月亮走碰了头，那么，尘世上不知要焚起多少香桉，不知有多少人要望天遥拜，说是皇天的祥瑞。如今李白和杜甫一诗中的两曜，噼面走来了，我们看去，不比那天空的异瑞一样的神奇，一样的有重大的意义吗？”

正如郭沫若先生在纪念杜甫诞生1250周年会上曾经致的开幕词《诗歌史中的双子星座》中所阐述的："李白和杜甫是像兄弟一样的好朋友。他们在中国文学史上的地位就跟天上的双子星座一样，永远并列着发出不灭的光辉。"盛唐文化哺育出的两位大诗人——浪漫主义的明星和现实主义的写手，在各自的文化空间中闪耀着光辉，照亮了属于自己的一片天空；跨越过时空的横栏，在他们的诗歌里越发彰显出历史的张力。

正是这样两位同一时代的诗坛巨人，惺惺相惜，结交成为终生的知音，的确是件令人惊喜的罕见之事。

当时，年仅25岁的李白离开家乡四川，经由长江三峡，"仗剑去国，辞亲远游"。在他远游到齐鲁之地的时候，正值漫游吴越的杜甫"放荡齐赵间"；天宝元载（公元742年），李白第二次踏上了长安北上的步伐，而辗转游走之后的杜甫则阴差阳错地回到了洛阳。两位诗人在中国的大半个江山之上交叉出美丽的漫游之线，无数次擦肩而过，无数次交错旋转，却一次次地错失相遇的缘分。

好事多磨，经过各种周折之后，李白与杜甫，这两位文坛巨匠第一次在洛阳相会。

此时的李白已经逾越不惑之年。在此之前，高标着"安能摧眉折腰事权贵，使我不得开心颜"的李白大师，因为刚直不阿的个性而得罪了当朝的赫赫权贵，由皇帝钦点的“翰林待诏”之职顷刻间化为乌有，最终还落得个“赐金还山”的下场。无奈之下，李白便远离长安是非地，来到了千里之外的洛阳，头戴着“谪仙”的光环，此时的李白已然名声显赫。

然而这时 33 岁的杜甫尚处于创作事业的爬坡期，虽在“翰墨场”中已经稍稍崭露头角，却难有出彩的重作让人耳目一新。无论是在年龄上，还是在名声学识上，杜甫都稍逊一筹。而且李白狂放不羁、豪侠热情以及在诗歌方面的高超造诣，都使得“性豪业嗜酒，嫉恶怀刚肠”的杜甫由衷地佩服。所以两人一见面，便有相见恨晚之感，结成至交之友。第一次短暂的交往使得他们由衷地珍惜来之不易的聚首。

相约同游梁宋（河南省开封市、商丘市一带）旧地，天宝四载，又同游齐赵，御马游猎，相爱如兄弟。

临别之际，依依不舍的两人不忍时光短暂，杜甫特意为李白写下了一首“五古”，这是两人伟大友谊的第一次见证。

二年客东都，所历厌机巧。
野人对腥膻，蔬食常不饱。
岂无青精饭，使我颜色好。
苦乏大药资，山林迹如扫。

李侯金闺彦，脱身事幽讨。

亦有梁宋游，方期拾瑶草

——《五古·赠李白》

在客居东都的两年时光里，耳目所及尽是投机取巧的灵机之事，令人厌烦。纵然是像我这般不拘小节的荒野之人，菜蔬饭食常常吃不饱，然而面对变了味的腥膻牛羊肉，也不肯与之臭味相投。难道没有传说中的青精饭，能够让我吃食之后面色有所改善吗？想要大炼丹药却苦于缺乏原材料，幽深的山林间，地面清净如扫，了无痕迹。像您一般在朝廷中才能杰出的人，却因着“赐金还山”而被迫脱身侯门，独自去寻找一片幽隐的天地。慕于您的大名，我也要离开繁华世事，到梁宋游览一番，届时一定前去拜访您。

短短的几十个字，将杜甫眼中的李白之形象刻画得栩栩如生。在李白高尚德行的感化下，杜甫在诗中也表达了想要与偶像一样，抛却繁华富贵的帝京长安生活，去山林中追求修仙炼丹、采折瑶草的隐逸生活。

第一次李杜之约，时间甚短。觥筹交错、把酒言欢之后，李白就远行到梁园汴州（今河南开封市）去了。

任岁月流逝，任物是人非，李白与杜甫，在他们不长的人生中，一直视对方为最懂的知音。

第二次相会，杜甫和李白重新在旅行中找到共同的灵魂归宿。跨越过黄河之后，两人登上了道家的圣地王屋山（今山西省阳城县西南），极目远眺，祖国的大好河川尽收眼底。青山上水月洞天，仙风道骨今谁有，唯有隐者华盖君。待到他们真正上山拜访的时候，华盖君已然仙逝，物是人非的流逝之感下，他们难免伤感失望，只能空怀着遗憾的心情落寞离开。

是年秋日，黄叶满地，迎着徐徐而来的萧瑟秋风，李白与杜甫终于实现了“亦有梁宋游，方期拾瑶草”的夙愿。而更加难能可贵的是，在畅游的途中，他们又与唐代另一位大诗人高适邂逅，三颗耀眼的明星化成一道美丽的彩虹，共同踏上漫游之路。他们开怀痛饮，寻访古迹，畅谈古今，品评诗文，赏味人生，惬意万分。

想到著名诗人陈子昂曾发出“念天地之悠悠，独怆然而涕下”的感叹，这三人在苍茫暮色中登上了单父（今山东省单县南）的琴台，抚琴追昔，发思古之幽情。

在《昔游》一诗中，杜甫曾详细地记录了这一段经历：“昔者与高李，晚登单父台。寒芜际碣石，万里风云来。”诗中，他们在秋日黄昏中登上单父琴台，眺望沧海碣石的情景历历在目，借以怀念青秋时代“鸣琴而治”的传说。

在开封附近的梁园之中，他们也一道穿越历史，徜徉在名胜古迹之中，回忆起曾经是歌台舞榭、繁花似锦的汉文帝次子梁孝王之离宫别苑，再见如今眼前的苍凉之景，今非昔比，面目全非。梁园已废，而曾在梁园中聚会的著名文人司马相如，却已经在文学史上流芳千古。

在三人交游的过程中，杜甫的历史意识和现实感得到前所未有的增强，历史的那些点滴片段都成为他日后显露诗歌才华的重要素材。

昔我游宋中，惟梁孝王都。名今陈留亚，剧则贝魏俱。邑中九万家，高栋照通衢。舟车半天下，主客多欢娱。白刃雠不义，黄金倾有无。杀人红尘里，报答在斯须。忆与高李辈，论交入酒垆。两公壮藻思，得我色敷腴。气酣登吹台，怀古视平芜。芒砀云一去，雁鹜空相呼。先帝正好武，寰海未凋枯。猛将收西域，长戟破林胡。百万攻一城，献捷不云输。组练弃如泥，尺土负百夫。拓境功未已，元和辞大炉。乱离朋友尽，合沓岁月徂。吾衰将焉托，存殁再呜呼。萧条益堪愧，独在天一隅。乘黄已去矣，凡马徒区区。不复见颜鲍，系舟卧荆巫。临餐吐更食，常恐违抚孤。

——《遣怀》

昔日放浪形骸于天地间的情景在诗中再现，此时杜甫之诗已经呈现出凄苦哀怨的现实主义特色。杜甫追忆与李白、高适的交游生活，感慨青春年华一去不复返，一生声名殆尽，仅存薄幸之名，自嘲自责，抑郁难当。

聚也匆匆，别也匆匆。三人经历了一整个秋天的欢乐游猎生活之后，不得不分道扬镳。

告别了独自去南方楚地游玩的高适后，杜甫和李白搭伴来到山东齐州（今济南市）。在齐州，李白正式接受了紫极宫（太上老君庙）高如贵道士的授道箓，成为一名真正意义上的道教徒。天宝四载（公元745年），夏日的骄阳如火般炙烤着大地，而此时李杜辗转到了齐州的北海（青州），两人与齐州太守李邕度过了一段美好的时光。同有疾恶如仇、耿直不阿的个性，三人相见甚欢。一叶扁舟轻帆卷，临了登亭话桑麻。他们饮酒作诗、纵论时事，不亦乐乎。

在齐州一带登山临水、拜谒名士期间，杜甫和李白曾经一度小别。春夏过后，两位友人第三次于东鲁（兖州）重逢相聚。交情甚深的两人，面对短暂的离别犹如难以割舍的手足，彼此都是心潮澎湃，感慨万千，千言万语难话别离之情。在这首《赠李白》中："秋来相顾尚飘蓬，未就丹砂愧葛洪。痛饮狂歌空度日，飞扬跋扈为谁雄？”杜甫对以往漂泊不定的流浪生活，产生了浮生若梦的虚无之感。

不过，此时的杜甫和李白，仍像两只在天空中无拘无束自由飞翔的风筝，心中的那份留恋不足以强大到让他们心安神定。总是质疑着“痛饮狂歌空度日”的生活，却仍然忍不住又踏上了同去兖州城北范氏庄拜谒隐士范十的路。

初次拜访，路不识途，一脚深一脚浅地穿越荒坡之上的苍耳之丛，竟见满身挂着的苍耳小球像是装饰的珍珠一般，不由引得他们大笑。范十先生的幽居之处，门前垂树，墙上爬蔓，园中几块薄田，果蔬满园——恍如桃源仙境一般。酒酣耳热之际，三人不禁慨然高歌，借以抒发志向。

这便是李白那首《寻鲁城北范居士》中所描绘的景象：“忽忆范野人，闲园养幽姿。茫然起逸兴，但恐行来迟。城壕失往路，马首迷荒陂。不惜翠云裘，遂为苍耳欺。入门且一笑，把臂君为谁。酒客爱秋蔬，山盘荐霜梨。他筵不下箸，此席忘朝饥。酸枣垂北郭，寒瓜蔓东篱。还倾四五酌，自咏猛虎词。”范十的生活，正是李杜二人朝思暮想的理想归宿，与范十共同生活的那段时光，成为杜甫后来永久的眷恋。

在李杜相处的最后时光中，他们越发珍惜彼此的深厚情谊。

李白与杜甫，这两颗璀璨的流星，在无际中注定相遇，旋即又将分离。一边是西去长安的杜甫，一边是南下重游江东的李白。两位绝世大诗人在兖州城东的石门山依依作别，李白赠一首《鲁郡东石门送杜二甫》："醉别复几日，登临遍池台。何时石门路，重有金樽开。秋波落泗水，海色明徂徕。飞蓬各自远，且尽手中杯。"

两位大诗人从此天各一方，身处两地，却心系相连，友谊越发笃诚坚挚。这种思念挚情也促使两人之间以诗歌的方式交心，众多诗作借此横空出世。经历过这一番交往，对于杜甫而言，李白由狂热膜拜的偶像成为与自己惺惺相惜的手足兄弟，这种感情越发内敛深沉。分手之后，思念如决堤洪流漫溢过杜甫的生命，浩浩荡荡地流向友人所在之处。在一篇篇真挚感人的诗作中，最有名的可谓是《春日忆李白》一诗：

白也诗无敌，飘然思不群。清新庾开府，俊逸鲍参军。
渭北春天树，江东日暮云。何时一尊酒，重与细论文。

——《春日忆李白》

李白的诗才无人能敌，其飘然若仙的才思也超凡脱俗，非一般人能敌。他的作品意境清新，赶超庾信；同时也有鲍照诗作中那种俊逸的风格。而如今，渭北的树木在融融春日里巍然独立在江东河畔，远眺被日暮染成赭红色的薄云，此情此景，越发催生人的相思之念。不知何时，你我才能再次同桌共饮，再次细细探讨斟酌、谈诗论文？

离别之后，再次回忆曾经与李白的交好，曾经有过的那些喜怒哀乐的细枝末节早已忘却，然而李白的高超诗才确是让杜甫印象最为深刻的，对于李白的敬仰之情和眷恋之情溢于言表。

时光飞逝，又过多年。安史之乱的炮火渐渐燃烧到李白与杜甫周围，于戈寥落四周星，南北相隔的两人饱受颠沛流离的苦痛，思念之情愈切。朝思暮想，乃集结成梦。尤其是《梦李白二首》中的“故人入我梦，明我长相忆”一句，感人肺腑。

冠盖满京华，斯人独憔悴。因永王璘事件而受牵连被下狱的李白，一生饱经沧桑荣辱，这一切被挚友杜甫看在心中，悲愤难平。一曲曲长歌当哭的血泪文字，在杜甫的笔尖恣意流淌……

当李白遇赦归来之后，杜甫又为李白写下了一首200多字的长诗《寄李十二白十二韵》，回忆起两人从相识到相知到离别的种种情形，不禁泪流满面。

相聚时李杜出游相伴，离别后凭借一首首脍炙人口的诗歌传情达意。他们虽然各自已经开始了自己的新生活，但是心中依然挂念着对方。

杜甫寄赠李白的最后一首诗，是在他晚年的时候写下的《不见》，原文小注说："近无李白消息。"寥寥几语，显现已近暮年的杜甫仍然经常挂念李白的生活：

不见李生久，佯狂真可哀！

世人皆欲杀，吾意独怜才。

敏捷诗千首，飘零酒一杯。

匡山读书处，头白好归来。

——《不见》

此时的杜甫与李白，已经足足有15个春秋未见，近日关于李白的消息全无，不禁让杜甫直抒胸臆的喊一声"不见"。开头一句，突兀而起，"不见李生久"，明白如话，撩拨人的心弦。极具浪漫主义情调、深受道教影响的李白，恍然有着飘飘欲仙之气。然而不容于世人之中，只能被认为是佯装狂妄，实在是可悲可叹。世人都说他理应斩首，而独独于我了解他心中所难，怜惜李白这位世间英才。

才思敏捷的他，出口成章，提笔诗千首；孤单的身世飘零，只能在一杯薄酒中排遣心中的惨淡落败。想当年匡出李白读书的地方，幻想着白头时正好可以归来隐居。

字里行间的惺惺相惜之情，诚挚而真切，算是对两人一生情谊的最好总结。

就在此诗作完不久，62 岁的唐代著名大诗人李白，于唐代宗宝应元年（公元 762 年）死于安徽当涂县令族人李阳冰的家中，李白的与世长辞为这段千古绝响的伟大友谊正式画上了圆满的句号。

此次是真正的天人相隔之“不见”了。

第二节

落第败北，残杯冷炙潜悲辛

杜甫与李白的漫游生活不得不在山东的石门山结束之后，天宝五载（公元746年），他恋恋地告别了仍然居守在奉先的家人，独自踏上了前往心仪已久的长安之路。这一年，他已经35岁了。

孔子云：三十而立，四十不惑。此时的杜甫只是凭借着一腔诗才小有名气。至于儒家一直追求的“治国平天下”的入世之志，却终未能实现。不得不说，杜甫顿感压力。

而在此时，唐朝的历史车轮滚滚向前，万众瞩目的开元盛世正被缓缓地碾过，新的历史史诗正在谱写。带着初入天子脚下的欣喜，杜甫可谓是“快意八九年，西归到咸阳”（《壮游》)。在这样的期待之下，等待他的未来又将是怎样一番图景?

长安，大唐王朝的首都，车水马龙、宫殿林立、才士招摇，粉墨登场、龙飞凤舞好不热闹，这样气魄宏大的场景是曾经漫游天际的杜甫不曾看到的。漫走四方的游子杜甫有了倦意，如同疲累的鸟儿想要找到一个归宿，安定下来。

但是另一方面，自己的好友李白又曾在长安有过“赐金放还”的经历，杜甫钦佩之至的偶像李白在长安尚且得到这样的遭遇，不知自己能否如愿成就一番壮业伟志?好男儿志在四方，他清楚地听到内心有一个声音在呼唤着自己前行。在这个繁华的都会里，是否能够为他的梦想找到腾飞的翅膀，杜甫的心中亦是忐忑不安。

怀着“少陵野叟”的自嘲和前后长达十年的壮游经历，杜甫也步了李白的后尘，踏上了长安这片生疏的土地。刚刚来到新地方，自然人生地不熟，举目无亲，苦闷难当。不过心有所念的他仍然不忘初衷，处处寻找可能的机会展现自己的才华。这样急功近利，固然是为了求得功名显贵，但更重要的是杜甫那颗拳拳爱国心的激励。

初到长安的那个除夕，杜甫依然豪情满怀，不减当年。他曾经在《今夕行》中慨然欢呼：“咸阳客舍一事无，相与博塞为欢娱。凭陵大叫呼五白，袒跣不肯成枭卢，英雄有时亦如此，邂逅岂即非良图。君莫笑刘毅从来布衣愿，家无儋石输百万。”在长安的第一个除夕夜，他与众人一起狂饮高歌，赌博欢乐，放浪形骸、兴高采烈。性格放荡、锋芒外露的杜甫对未来的前途充满了希望，乐观昂扬的基调充斥着这个阶段。

随着在长安的见多识广，杜甫越发感到人情冷暖、世态炎凉。在长安这个大染缸里，杜甫对于现实有着更深刻的理解。以往漫游时期积攒的浪漫情愫、初入长安时候的壮志豪情，逐渐被残酷的现实消磨殆尽。一切似乎都远不如当初想象的那般美好了。

杜甫来长安不久，便从家乡传来父亲去世的消息，这突如其来的打击恍如晴天霹雳。他长期过着漫游生活，功名未立，依靠家中的救济为生。父亲的逝世让家中的经济来源越来越薄弱，杜甫甚至沦落到不得已自食其力，去城南的终南山上采草药为生的境地。曾经的辉煌岁月再也不见了，如今只有靠政府的救济粮生活。

随着岁月的流逝，大唐盛世的光辉越来越黯淡。经过三十多年的国家发展，曾经励精图治、赏识忠臣的唐玄宗李隆基渐渐失去了往日的雄风。“开元之治”后，政局稳定、经济发达、社会和谐，当朝皇帝安于暂时的太平安定，洋洋自得，以为自此可以高枕无忧，安享其乐了。

在经历了大半生的辛苦之后，唐玄宗李隆基决定好好犒劳犒劳自己。晚年他一度沉迷于骄奢淫逸的生活无法自拔，终日里逍遥在灯红酒绿的世界中，好大喜功、滥用奸臣、昏庸迷信，把国家政事抛在脑后。

固然李隆基与杨玉环的爱情曾经铸成了一段千秋万世的绝美爱情故事，然而另一方面，他这样沉迷也导致了国家如野草一般空空地置于无人管理的境地。生活的腐化堕落导致了政治的黑暗荒唐，奸臣佞相李林甫把持朝政，口蜜腹剑；为了巩固自己的地位和权势，不惜将众多的忠臣重臣排除在权力体系之外，上瞒下骗，诬贤妒能，肆意妄为，作威作福——李林甫完全是典型的"小人"形象。

天宝六载（公元747年），唐玄宗下诏招揽天下有才之士。此次求才之试，与其说是渴求贤才，不如说是唐玄宗为了向天下昭示他盛世之君的恢宏气度。就如同历史上众多的君王一样，唐玄宗的这一举动无非是想标榜自己罢了。对于此事，李林甫自然是心中不悦，生怕新选上来的贤才弹劾自己，威胁自己在朝廷的地位。然而狡猾的李林甫并没有直接强行抵制唐玄宗的求贤令，反而采用了迂回的方法，伪装起面容，遵循唐玄宗的旨意，以积极的姿态大力支持这场选贤考试。

"野无遗贤"是一场由李林甫自导自演的游戏，至于唐玄宗和众多应试之人，都只不过是其手中的棋子罢了。

而此时想要大展才华、求仕求名的杜甫自然不知其中的原委，怀抱着雄心壮志，兴致勃勃地想要抓住这大好机会出人头地，大展宏图。远远望去，进士及第之路似乎近在眼前。

与元结相约而行，杜甫在考场上挥毫泼墨，将大半生积攒的知识一并倾吐，龙飞凤舞间，忽然想起青年时的那首《望岳》，想必自己“会当凌绝顶，一览众山小”的雄心壮志此次可以得到舒展了罢。笔落纸尽，觉得心中无比地畅快和高兴，凭借着自己的才能，他对这次考试充满信心。杜甫幻想着及第成为进士之后的繁华景象，喜从心来。

就在他忐忑不安地等待着应试结果的时候，殊不知，当朝宰相李林甫正在悄悄地策划着一场闹剧。当时应试之人大多为乡野出身，他以担心这些人口出秽言、侮辱皇帝耳目为名，下令州县长官严格审查这些人的出身和试卷，并制定了各种严苛的条件，在这样的一轮筛选下，州郡官员唯恐因审查不严而拖累自身，结果大半部分的应试之人被排除在外；这还不够，接着又有专门的尚书府进行复查，又删落了大量的举子。

最后一道关卡，李林甫直接以当朝宰相的名义对剩余举子的策论、词赋、诗歌等亲自进行审核，结果竟然是一众人等纷纷落选，无一人合格。当然李林甫为这场闹剧找了一个冠冕堂皇的理由，在回禀唐玄宗李隆基时不忘适时地拍马屁，拱手祝贺皇帝恩泽遍布四海八方，朝廷之内已经揽尽天下英才，皇帝圣明，朝野之外，再无可用之才了。

这正是《尚书》中所说的“野无遗贤，万邦咸宁”。不知当时昏庸无道的唐玄宗是如何相信了李林甫的鬼话,大概是虚荣心使然吧。

杜甫等文人的转折点正是在这场李林甫自导自演的闹剧面前不幸“折腰”，一代才士沦为权力纷争的牺牲品。比起几年前自己满不在乎的那场洛阳之试，杜甫感到从未有过的莫大羞辱。

诗人元结曾在《谕友》中具有讽刺性地详细记述了这次考试的具体情形：

天宝丁亥（六载）中，诏徵天下士人有一艺者，皆得诣京师就选。相国晋公（李）林甫以草野之士猥多，恐泄露当时之机，议于朝廷曰：“举人多卑贱愚聩，不识礼度，恐有俚言，污浊圣听。”于是奏：待制者悉令尚书长官考试，御史丞监之，试如常例。已而布衣之士，无有第者。（李林甫）遂表贺人生，以为“野无遗贤”。

这场闹剧给杜甫等一干举人的人生造成了极大的冲击，直至此时，杜甫才真正意识到，在光华夺目的长安城的浮表之下，暗流涌动，潜藏着难以想象的血雨腥风。他想起盛唐的志士李白曾经因为“赐金放还”泪洒长安的情景，才真正明白当时人的心境。他想逃离出这座冷风习习的城市，可是又不能，壮志未酬，生活无着落，他不想就这样在逃避中彷徨一生。

正在杜甫走投无路，又在为是否离开长安而犹豫不决的时候，他把目光投向了有名望的宦官贵族，想起曾经家世辉煌、祖辈官至宰相的长安尚书左丞韦济，两家世交颇深，并且韦济亦对杜甫的才能十分赏识。杜甫暗自忖度是否能够通过毛遂自荐的方式博得韦济的重视，从而求得一席功名。

这次长安考试的失利，让杜甫心生落寞，回忆起来到长安之后的种种遭遇，不禁怆然而涕下。杜甫曾经在《奉赠韦左丞丈二十二韵》中用文字记载了这段悲辛历史，把这首诗呈献给韦济，来表述未展的抱负和沦落的心酸。

诗作开篇：

纨绔不饿死，儒冠多误身。

丈人试静听，贱子请具陈。

不同于一般的献诗自荐之作，杜甫在诗作的开头并没有盲目地对官人称颂，而是直抒胸臆，陈情泄愤。这世道艰难，腰缠万贯的纨绔子弟整日里不愁吃穿，而那些满腹经纶的儒学之士却大多穷困潦倒。不知韦大人您是否能够在百忙之中抽出些许时间，静静聆听，请允许我将往事向您细细陈述。

甫昔少年日，早充观国宾。
读书破万卷，下笔如有神。
赋料扬雄敌，诗看子建亲。
李邕求识面，王翰愿卜邻。
自谓颇挺出，立登要路津。
致君尧舜上，再使风俗淳。
此意竟萧条，行歌非隐沦。
骑驴十三载，旅食京华春。

曾经的自己多么豪气万丈，读万卷书、行万里路，诗词歌赋样样精通。凭借一身才气，多次受到名士大家的青睐，自己得以成为人们争相赏识的对象。带着无边的自信，来到了京津要地想要一展雄心抱负，辅佐贤良英明的君王，让社会风尚变得醇厚健康，想要让国家更加安定富强。没承想这样的意志竟然萧条零落了，踏行世间、漫游天下，并非不是自此隐退沉沦之策。

回忆曾经的放游生涯，那些梦般的时光再次涌现脑海，感到心中思绪万千，有口难言。长达十年的漫游似乎转瞬即逝，来到长安这个花花世界，想要寻求一方实现个人价值的土地，然而残酷的现实却让人不忍直视：

朝扣富儿门，暮随肥马尘。
残杯与冷炙，到处潜悲辛。
主上顷见征，欻然欲求伸。
青冥却垂翅，蹭蹬无纵鳞。
甚愧丈人厚，甚知丈人真。
每于百僚上，猥诵佳句新。
窃效贡公喜，难甘原宪贫。
焉能心怏怏，只是走踆踆。

现实面前，梦想无数次折腰。跻身在竞争激烈的长安，到处举业拜见名门权势，期冀通过毛遂自荐的方式求得一方驰骋的天地。清晨刚刚敲过权势望族的门，而晚上又马不停蹄地追随着肥马的后尘。平日里吃着残羹剩饭，过着辛酸简朴的生活，处处感受着苍凉的意味。

不久皇帝征召接见，如同在茫茫黑夜里看到一缕希望的幽光，以为自此可以伸张自己的大志，然而谁承想世事难测，不久自己就像腾飞的翔鸟在天空中突然折翼，跳跃的鲤鱼突然止步于龙门。知道韦大人您器重我的才华，我也深知一片真情意切难以报答；将我的诗篇推荐给朝廷百官，朗诵佳作诗句，赞扬诗歌格调清新。自比贡禹，希望韦济大人能够提拔自己，却又难以忍受，像原宪一样清贫。自己怎么能够这样使内心烦闷气愤不平，总是且进且退地踟蹰不前。

在《奉赠韦左丞丈二十二韵》中，杜甫大段大段地对韦济表白真心，如同孜孜寻求伯乐赏识的千里马一般，回忆着自己的人生际遇，抒发着内心的矛盾与挣扎。曾经的一腔壮志豪情在种种挫折的磨砺之下，已然化作了满腹激愤牢骚，借着文字将心情再现。

在诗作的最后，杜甫再一次阐发了自己的心情：

今欲东入海，即将西去秦。尚怜终南山，回首清渭滨。

常拟报一饭，况怀辞大臣。白鸥没浩荡，万里谁能驯。

在经历了如此多的世事沧桑之后，如今的自己只想像东流入海那样，即将向西远行离开秦地。留恋着巍峨高耸的终南山，回首仰望着渭水之滨；如今就要向您辞别，一直谨记着韦济大人的恩情，常常想要报答“一饭之恩”；而真正的自己就如同隐没在浩渺烟波中的白鸥一样，无垠的天空是最终的归宿，自由飞翔万里飘飘荡荡也无人能够驯服。

按照杜甫的个性，他是不肯轻易将自己归为献诗求职的流俗之类的。这首表志诗非同一般的志趣，杜诗沉郁顿挫的特质逐渐显现。

第三节

隆冬天宝，《三大礼赋》惊唐皇

杜甫赠予韦济的诗歌最终石沉大海，他在其后的赠诗之路上踽踽独行，天宝九载（公元750年），39岁的杜甫又从洛阳来到了长安。

春日，一个欣欣向荣的季节，新芽初冒，万物新生；而风起云涌的现实却让杜甫难以产生初春的喜悦。在赠予韦济的那首《奉赠韦左丞丈二十二韵》之后，另一首有名的赠答诗便是这首《赠翰林张四学士垍》。

无复随高凤，空余泣聚萤。
此生任春草，垂老独飘零。
倘忆山阳会，悲歌在一听。

他一面颂及张垍的位高势大、宠遇无比，一面期冀像张垍这样的大人物，如若能够念及旧情，稍加提携，便可为自己开辟一番施展才能的天地。辗转于富贵权势之间，杜甫始终未能达成夙愿。他穷苦潦倒，仍然不忘曾经坚守的“致君尧舜上”的大志，面对着未遂梦想不肯放弃一丝一毫的可能机遇，坚持不懈的奋斗精神足可与挚友李白相媲美。不甘平庸，不陷沉沦，这正是杜甫作为一个伟大诗人的独特之处。

但身处凡世，为世俗颓风所沾染，杜甫难免落入庸俗的窠臼，但在他热衷于济世为民的追逐中，也感受到了一个士子的真挚和热忱。

杜甫应诏而退，只得委曲求全，走上了干谒权贵以求汲引之路，在各路的献诗求仕之门都为他缓缓关闭之后，他不得不铤而走险，唯有投匦献赋直接向皇帝呼吁这一个方法了。

天宝十载（公元751年）正月，新春的鞭炮味还未散尽，借着跨年的机遇，唐玄宗选择在太清宫、太庙祭祀，这一年正是杜甫的不惑之年。沉湎于声色犬马之中的玄宗迷恋着帝王生活，越发感到时光短暂，生命有限，极力地想要通过宗教迷信的怪力乱神求取永生，填补空虚的精神世界。

杜甫借着皇帝祭祀的时机，似乎找到了可以毛遂自荐的机会。在长安，作三大礼赋投延恩匦来献给当朝皇帝。

“臣生长陛下淳朴之俗，行四十载矣。与麋鹿同群而处，浪迹于陛下丰草长林，实自弱冠之年矣。岂九州牧伯，不岁贡豪杰于外？岂陛下明诏，不仄席思贤于中哉？臣之愚顽，静无所取，以此知分，沉埋盛时。不敢依违，不敢激讦，默以渔樵之乐自谴而已。倾者卖药都市，寄食友朋。窃慕尧翁击壤之讴，适遇国家郊庙之礼，不觉手足蹈舞，形于篇章。漱吮甘液，游泳和气，声韵浸广，卷轴斯存。仰亦古诗之流，希乎述者之意，然词理野质，终不足以拂天听之崇高，配史籍以永久。恐倏先狗马，遗恨九原。臣谨稽首，投延恩匦，献纳上表。”

遥想当年，“赋料扬雄敌”，年轻时候的扬雄以辞赋见称，被召入宫，侍从汉成帝祭祀游猎，并作下《甘泉》《羽猎》《长扬》《河东》四大赋来歌颂大汉王朝的声望和皇帝的功德；在现在来看，杜甫的这篇《进三大礼赋表》写得虽不算很出色，却有很高的史学资料价值。

在他的心中，不曾忘却那些靠着四处流浪以采药卖药为生的窘迫岁月，不曾忘却一次次的求仕路上摔得粉身碎骨，却又咬着牙再次立起身子的经历，更不曾忘却开元二十三年那场荒唐可笑的“野无遗贤”科举之试。面对一代黄龙帝王，杜甫自然“不敢依违，不敢激讦”，只能活生生地将苦果往自己的肚子里吞咽，而他的愤懑之情、抱屈之志却像一股暗流悄然隐藏在文字之河的深底，让更多的有心人去感受，去揣摩。

当他所献的三赋——《朝献太清宫》《朝享太庙赋》《有事于南郊赋》通过熟识的官员献给皇帝之后，可谓是时来运转，正中皇帝的心意。时机选择得恰到好处，而杜甫洋洋洒洒的文才果真很得皇帝的欢心，这一次的自荐之举犹如冲天之炮，一响成名。“顷岁，国家有事于郊庙，幸得奏赋，得罪于集贤。”

杜甫《进封西岳赋表》（出自杜甫的《杜工部集》）中所提到的这件事，正是指杜甫因赋惊动当朝天子，居然得到了“命宰相试文章”的恩典。这对于一个长期饱受郁郁不得志折磨的士子来说，简直就是从天而降的惊喜，这在一定程度上意味着杜甫长期以来的努力终于得到了一定的回报。

后来诗人流落西蜀，沉沦使府，亦依然为自己有这样一段不同寻常的际遇而深感自豪：“忆献三赋蓬莱宫，自怪一日声烜赫。集贤学士如堵墙，观我笔落中书堂。往时文采动人主，此日饥寒趋路旁。”

孔子曾经有言：子不语怪力乱神。儒家虽然重视祭祀、重奉祖先，将其看作是巩固封建帝王统治的重要组成部分，但是却反对盲目迷信鬼怪淫祀，所以儒家常以“习礼而羞之”。鬼迷心窍的玄宗非但不以之为羞，甚至津津乐道地沉浸在臆想的魑魅世界中游弋。正当需要为举行不合古制的三大礼大造舆论的时候，唐玄宗的面前突然呈现了杜甫的三篇振振有词、洋洋洒洒而文采斐然的赋来捧场，这怎能教玄宗不喜出望外，不抓住机遇大肆宣扬来自民间的称颂之声呢？

然而纵然皇帝为他提供了这样一个“待制集贤院”的机会，无奈杜甫的生计却仍然败在了“命宰相试文章”之上。左相陈希烈、右相李林甫，杜甫的穷达通塞再一次置于命运的审判台上，曾经上演的“野无遗贤”的闹剧让杜甫依然后怕，如今悲剧再次重登历史舞台。

在“口蜜腹剑”的宰相李林甫的暗箱操作下，皇帝“再降恩泽”的良机瞬间化为泡影，李林甫在位一日，似乎就无杜甫的施才之时，这块重重的石头像一个随形的阴影无时不左右着杜甫的人生。

其实照此看来，唐玄宗作为明君亦有昏聩之时，他看待吟诗作赋之人，不过是用为己所用的眼光来玩赏罢了。他从未真正过问过这些才士们的前途下落，将一等国家大事撒手付与奸臣李林甫，像杜甫这等志士只能成为不义时代不德之君的牺牲品了。

在这之后不久，杜甫便留下了一首《奉留赠集贤院崔于二学士》，挖掘了这件事情前前后后的不为人知的心绪记录：

昭代将垂白，途穷乃叫阍。气冲星象表，词感帝王尊。
天老书题目，春官验讨论。倚风遗鶂路，随水到龙门。
竟与蛟螭杂，空闻燕雀喧。青冥犹契阔，陵厉不飞翻。
儒术诚难起，家声庶已存。故山多药物，胜概忆桃源。
欲整还乡旆，长怀禁掖垣。谬称三赋在，难述二公恩。

——《奉留赠集贤院崔于二学士》

不顾“惊驾”的危险，为着“怀才抱器，希于温达者”的心愿，历经了多方碰壁，日暮穷途的险境，杜甫不得已抛出了投匭献赋的橄榄枝，将最后一丝希望寄托于这孤注一掷上了。

庆幸的是，三大赋文风典雅、风采斐然，而赋中的所言所感又深得皇帝的心意，才能幸得“通天”为人主所赏识。紧接“天老”两句之后，化用典故，杜甫重新回想起当年的应试不第之悲，虽然参加了宰相出题、学士判卷之后，可惜遇到了逆风，未遇而退。此次的“侍制集贤院”，厕身于诸学士之间，犹如鱼龙混杂，奸佞小人信口雌黄的本事，竟一次一次地阻挠着自己青云直上，飞黄腾达的入仕之路。不能奋起入朝，只好引退还乡，但是在“侍制集贤院”的这一段寥寥生活，却让杜甫终生难忘。

在写这首赠诗之后不久，杜甫又回到了故居洛阳去了。

此后的两三年，杜甫仍然矢志不渝地一再投匭献《封西岳赋》《雕赋》等，献赋一入宫便如石沉大海。沉迷在声色犬马之中的玄宗早已对这些“身外之事”毫无兴趣了，因此便一笑置之。

天宝九载（公元750年）正月，群臣奏封西岳，这年春日，关中大旱，一场突如其来的大火洗礼了整个西岳，制罢封西岳。等到了天宝十三载，杜甫上表献《封西岳赋》，又重新提起旧事：“今兹人安是已，今兹国富是已。况符瑞翳集，福应交至，何翠华之默默乎？维岳，固陛下之本命，以永嗣业。维岳，授陛下元弼，克生司空。斯又不可寝已。伏维天子霈然留意焉！”（《进封西岳赋表》），而在玄宗眼中，西岳不仅是自己身边红人杨国忠的降生地，甚至是皇帝自己生命的象征；自然心思偏袒，杜甫的这一请求根本难入玄宗皇帝的法眼。这次献赋最终亦以失败而完结。

一面是为了急于在官场上立足的庸俗之念而四处赠诗投赋；另一方面内心却对世界有着清醒的认识，用现实主义的诗歌表现出一个新的真实高大的杜甫的形象。然而理想与现实很近，却又遥远无比。在“贫富常交战”的剧烈思想矛盾斗争中，他不像陶渊明歌颂的那些高尚贫士那样，为了所谓的“神话般的理想”，扭曲生活的维度。杜甫只是杜甫，只做具有自己特色的最真实的杜甫。

第四节

仕途失意，困居十载难得志

此番的落地败北，不单单是对杜甫长久以来形成的自我优越感的冲击，更使得杜甫的人生轨迹发生了重要转变。他的人生悲剧正逐渐酝酿膨胀，在新的人生篇章中，一抹黯然萧瑟的苦黄晕染成生命的底色，在这底色之上，杜甫放眼望尽无边的世事沧桑。

在艰难的失意仕途中，杜甫正想尽各种办法求得一方展露才华的天地，然而却不断遭遇着这样或那样的刁难和阻隔。在现实面前，当正常的科举之路被朝廷庸臣无情地阻挡之后，正值盛年的杜甫不得不多次委曲求全，献诗权贵之士。想想自己的先祖历代达官，而至自己一代，竟然屡仕不得，想来难免自惭形秽。在这种不断追逐又不停受挫的挣扎中，杜甫在盛京长安已经度过了十载艰辛岁月。

天宝十一载（公元752年），曾经一手策划了“野无遗贤”闹剧的李林甫病逝，“林甫媚事左右，迎合上意，以固其宠；杜绝言路，掩蔽聪明，以成其奸；妒贤嫉能，排除胜己，以保其位，屡起大狱，诛逐贵臣，以张其势。”《资治通鉴》中评价李林甫的这几句话，可谓是贴切精准，将这位“口蜜腹剑”的奸佞伪臣的种种罪行和丑恶嘴脸，展现得淋漓尽致。

曾经由唐玄宗亲手开创的开元盛世，在奸臣昏君的手中一步一步被送入绝境；而这样的悲剧并没有随着李林甫的病逝而有所改变。盛极一时的大唐王朝正渐渐散发出一股腐朽的气息，各种阶级矛盾、民族矛盾、统治阶级内部矛盾的裂痕越来越大。

及至后来这位“回眸一笑百媚生”的杨玉环入宫，世风日下。凭借着能歌善舞、聪敏可人、逢迎圣意的本领，杨贵妃颇得唐玄宗的喜爱；而她的亲戚友人也因此得势风光。“长安回望绣成堆，山顶前门次第开。一骑红尘妃子笑，无人知是荔枝来。”杜牧的这首《过华清宫》正是再现了玄宗对杨贵妃的无际宠溺。

杨贵妃得宠的最坏后果，便是继李林甫之后，又一大奸臣当权篡政，长袖善舞，摇身一变登上历史舞台。

一面是一国之君在虚构的开元盛世的蓝图中醉生梦死，沉溺于美色享乐，玄宗把一摊国家大事扔给了宰相杨国忠，自然没有余力去关心国家的选才纳士之事；而至于将权势玩弄于股掌之间的杨国忠，忙着拉拢贵族聚敛财物，翻云覆雨讨好皇帝；对于选人选才方面，借着清洗和收买人心不断壮大自己的党派羽翼。

“文部选人无问贤不肖，选深者留之，依资据阙注官”（《资治通鉴》第二百一十六卷），在当权者手中，才能不再是选才的第一标准，论资排辈下来，一群毫无能耐却又依附于杨氏权力体系之下的庸才占尽了风头，而像杜甫这样怀揣报国壮志却不肯与杨氏佞党同流合污的有志之士，终不得当权者哪怕一丝的关注。充斥着奴才和庸才的官僚机构在和腐败日渐堕落中，越发为杨国忠提供了飞扬跋扈、作威作福的机会，而整个大唐的风采已经消失黯淡，一片乌烟瘴气弥漫着这个颓然的国度。

正是这样，在这种频繁而极不顺利的干谒活动中，杜甫经历了十年的旅食京华的生活。

在求仕拜谒的过程中，杜甫极尽了各种方式和手段。除去曾经与李林甫的女婿有过不浅的交情外，杜甫还曾专门颂扬过杨国忠，投奔到杨国忠的亲信鲜于仲通的麾下。

在杜甫的人生中，这似乎并不算是一件值得夸耀的体面事，然而，“在山泉水清，出山泉水浊”，当杜甫看清了这些人的真面目后，及时刹车，从这个污浊的上层社会中拔出了脚，在经过世事的磨砺之后，杜甫越发清醒地认识到社会的现实，他的诗歌亦开始朝着批判现实主义的方向迈进。

在杜甫应诏退下后的第二年，他也曾高叹“白鸥没浩荡，万里谁能驯?”向往着独立自由的生活，然而彷徨的“白鸥”终不得找到自己的方向位置，在《高都护骢马行》中的“长安壮儿不敢骑，走过掣电倾城知。青丝络头为君老，何由却出横门道”诗句，暗示了天宝八载高仙芝得胜还朝时杜甫仍然滞留长安，并未有离开的迹象。

是年（天宝八载）冬日，杜甫暂时回到了东都洛阳善坊，将太微宫的里里外外细细地游览了一番，琉璃的金壁已经失去了往日的风采，只是隐隐看见了久远时代吴道子所做的壁画还残留着岁月的痕迹。“画手看前辈，吴生远擅场。森罗移地轴，妙绝动宫墙。五圣联龙衮，千古列雁行。”供奉着太上老君的院观中青烟袅袅，引导着杜甫的佳句摆脱羁绊，如行云流水，舒展自如；此时，他的心境与情境相辅相生，诗律之外尽显无际诗意。

在十年困居长安的岁月中，杜甫竭尽所能想要通过展现诗才的方式得到上层统治者的关注和赏识，而最终留下的只能是深深的遗憾和痛心。作为一直以来深受儒家思想浸染的志士，杜甫的入世思想在他的意识里根深蒂固，不成就一番功名誓不罢休的急切心思也难免纠结不解。

但是杜甫并不是陷入腐儒陈学的愚士，儒家说：“不在其位，不谋其政。”而一介野夫杜甫在不仕之时，仍然未放弃“处江湖之远亦忧其民”的责任和担当，将个人的命运与国家和人民的命运紧紧相连；儒家认为“上智下愚”、“女子难养”，而在杜甫笔下的《石壕吏》《新妇别》里，却对普通百姓尤其是妇女的生命给予高度的关注和尊重。

杜甫的光辉早已超越了在困居长安十年中追逐名利富贵的表象，而在不断地上升到新的更高的人生境界，想来这就是十年长安之行的沉淀给他带来的最大收获。

第三章

以诗抒心难画殇

在京华拜谒求官的这十年中，杜甫得到了足够的机会周旋于王侯显宦之中，各种各样骄奢淫逸的官场黑暗内幕直入眼帘，让他的内心感到前所未有的震惊。正是这样的黑暗现实为杜甫后来提笔疾呼、在唐朝呐喊出地动山摇的“古来白骨无人收”之声悄然奠基，为其后来的现实主义光辉大合唱的渊远声响奏响了序曲。

第一节

暗讽时政，兵车丽人隐伏危

历代王朝，盛极而衰。盛极的唐朝，进入了历史的拐点，这个拐点出现的很平淡，却也很明显，唐朝从勤勉走向了懒惰，从朴素走向了华丽，从繁华走向了衰落。

每一个时代的拐点，每一个时代的更迭，最先嗅到其血腥味的总是诗人，无论是春秋的诸子百家，还是魏晋的竹林七贤，正是这些人凭借着敏锐的嗅觉最先触到时代变幻的气息。诗人的心格外敏感，就像细细的琴弦，轻轻一碰便发出幽鸣，庆幸的是，我们现在还能听到他们发出的声音。

在众多的声音中，有一个声音格外沉郁顿挫。唐朝有无数的诗人和诗作，但却有两座高峰无法跨越，一座叫李白，一座叫杜甫，沉郁顿挫这四个字仿佛是为杜甫量身定做的，只有他的诗能够担得起这四个字，也只有他能够担得起“诗圣”这个名称。

天宝十二年（公元753年），唐玄宗还宠爱着杨贵妃，此时的唐朝如同后来的《红楼梦》里的贾府，还未倾倒，却已初露颓败之象，繁华的背后是遗落的上进，享受的后面是长长的奔走。此时的唐玄宗李隆基并没有想到，日后他会亲手葬送自己心爱的女人和自家的王朝。

此时的杜甫已经在长安耗费了十年的光阴，这十年，杜甫经历了初来的期望、渐进的绝望、身体的饥饿、旁人的白眼，那个初出茅庐，想着“致君尧舜上，再使风俗淳”的青年人不再单纯，他跟随李白、高适曾经策马奔腾，他的心何尝没有盛唐的气象？没有李白的浪漫？

可是命运交给杜甫的注定不是这样一个接力棒，而是要他看尽繁华，看尽凋落，看尽暖冷。在文学史上，给李白的赞美太过洋溢，给杜甫的赞美太过沉痛。李白的浪漫对比着杜甫的沉郁，共同衬托出盛唐和中唐的两朵绚烂之花。

印象中，杜甫好像从来没有展开过眉头，他肩负着现实主义的重负，怀揣着对天下百姓的忧思，所以必须将百姓兴亡置于个人的利益之上，不断地愁苦、不断地悲悯、不断地行走在现实主义的阴影之下。可对这一切，他却从来没有选择的余地。

“失之东隅，收之桑榆。”在京华拜谒求官的这十年中，杜甫得到了足够的机会周旋于王侯显宦之中，各种各样骄奢淫逸的官场黑暗内幕直入眼帘。一面是俯身体察百姓疾苦时的心酸与悲痛，一面是最高统治集团借着好功尚武的名号大肆压榨剥削百姓，这两幅图景在杜甫的脑海中形成了鲜明而残酷的对比，让他的内心感到前所未有的震惊。正是这样的惨淡现实为杜甫后来提笔疾呼，在唐朝呐喊出地动天摇的“古来白骨无人收”之声悄然奠基，为其后来的现实主义光辉大合唱的源远声响奏响了序曲。

天宝十一年（公元752年），让杜甫无缘科举的口蜜腹剑之相李林甫去世后，杨贵妃的亲戚杨国忠担任了右丞相，第二年的春天，暮春之初，芳草萋萋，正是踏青的好时节。三月初三的上巳节，女子们多在此日游玩曲江。曲江，就是曲江池，坐落在长安城的东南边，在曲江的旁边建了一栋华美的宫殿，叫作芙蓉苑，江色、人色、云色，给长安的春天罩上了一层华彩。

此时身在长安的杜甫，目睹了三月初三上巳节的繁华，记录了这天的景象，写成了七言排律《丽人行》。“三月三日气象新，长安水边多丽人。态浓意远淑且真，肌理细腻骨肉匀。”一大群皇宫中的妃嫔和宫女乘着步辇来到了曲江旁边，芙蓉里苑已经很久没有这么热闹了，层层的华衣簇拥着嫔妃和夫人们，她们精致的妆容让曲江黯淡了，争奇斗艳的春日芬芳也收起了平日的飞扬跋扈。

就连曲江的美丽景色似乎也被这种奢华的景色镇住了，悄悄地收敛了颜色。《丽人行》里详细描述了她们的衣服：“绣罗衣裳照暮春，蹙金孔雀银麒麟。头上何所有？翠为叶垂鬓唇。背后何所见？珠压腰极稳称身。”亮闪的衣饰，耀眼的姿容，华贵雍容，尽是盛唐的华美浮躁气势，却已没了盛唐的风度和内蕴。

杨贵妃的三个姐姐被封为夫人后，雍容华贵，表现她们生活最有名的是十大传世名画之一的《虢国夫人游春图》，杜甫的《丽人行》则是用文字表现了夫人们奢侈的生活。

三月三日这一天，夫人们被唐玄宗的大臣簇拥着，来到曲江踏春、游春、赏春，他们的排场十分壮观，光是随从人员，就形成了长长的队伍。在饮食方面，几位夫人有着专职的乐师和厨师，夫人们依仗着皇家的体面，用的碗是镶翠的碗，价值连城；用的盘是水晶的盘，晶莹剔透，照着她们年轻白皙的面容。在食物方面，几位夫人更是奢侈无比，山珍海味摆了一桌，她们吃了几口便饱了，唐玄宗还特地让御厨送来了“八珍”。

满桌的美味佳肴，乐队的奏乐不停。“就中云幕椒房亲，赐名大国虢与秦。紫驼之峰出翠釜，水精之盘行素鳞。犀箸厌饫久未下，鸾刀缕切空纷纶。黄门飞鞚不动尘，御厨络绎送八珍。萧管哀吟感鬼神，宾从杂遝实要津。”驼峰本是稀罕珍贵之物，平常人的饭桌上一辈子也难以出现，但是夫人们却吃腻了，拿着犀牛角做的筷子迟迟不愿意下筷。

这个时候还有什么好玩的呢？杨国忠来了。“后来鞍马何逡巡，当轩下马入锦茵。杨花雪落覆白蘋，青鸟飞去衔红巾。炙手可热势绝伦，慎莫近前丞相嗔！”据史书记载，杨国忠跟夫人们的关系有些暧昧，赶来的杨国忠跟夫人们干了什么我们并不知道，杜甫很聪明，并没有明写，一句“慎莫近前”把什么都写活了，这种讽刺，不是直接的讥讽，而是更具有力量的讽刺艺术，什么都不写透，却又把什么都写进去了。透过杜甫的《丽人行》，我们可以感受到杨国忠“炙手可热”的威严和夫人们奢侈的生活。

杨国忠是杨贵妃的堂兄，在《旧唐书·杨玉环传》中记录了杨国忠和虢国夫人的暧昧，此时的唐玄宗正沉迷于杨贵妃的美色中，敏感的杜甫已经感受到了唐王朝崩塌的前兆。

杜甫的眼睛，不仅投向了上层建筑的腐败，还投向了下层人民的疾苦，除去《丽人行》外，另一首政治讽刺诗《兵车行》亦是杜甫现实主义心声的写照。

这首诗，是杜甫由浪漫主义转向现实主义的重要标志，经历了十年的长安生活，杜甫更加了解穷苦人民的生活，对他们有着深深的悲悯和同情。

车辚辚，马萧萧，行人弓箭各在腰。爷娘妻子走相送，尘埃不见咸阳桥。牵衣顿足拦道哭，哭声直上干云霄。道旁过者问行人，行人但云点行频。或从十五北防河，便至四十西营田。去时里正与裹头，归来头白还戍边。边庭流血成海水，武皇开边意未已。君不闻汉家山东二百州，千村万落生荆杞。纵有健妇把锄犁，禾生陇亩无东西。况复秦兵耐苦战，被驱不异犬与鸡。长者虽有问，役夫敢申恨？且如今年冬，未休关西卒。县官急索租，租税从何出？信知生男恶，反是生女好。生女犹得嫁比邻，生男埋没随百草！君不见青海头，

古来白骨无人收。新鬼烦冤旧鬼哭，天阴雨湿声啾啾！

——《兵车行》

“车辚辚，马萧萧，行人弓箭各在腰。”一场场的战争成了政治野心家们精心策划的谋利求功的手段，百姓的生命在“穷兵黩武征辽海”的肆虐中被践踏得一文不值。想鲜于仲通曾经在泸南大败，一干军队遭遇重创，数以万计之人的生命在战火的铁蹄下化为灰飞烟灭。

可是此时唐朝的统治者并没有停息战火的蔓延，他们像是在赌场上倾注了重资的疯狂赌徒一般，杨国忠派遣御史遍及全国各地捕人猎命，将他们当作新一轮战争的牺牲品。当魔爪伸向无辜的百姓之时，躲避不及，众多年轻力壮的男子被迫征召入伍，拷上枷锁，送至军所。身边的亲人——父亲、母亲、妻子——洒泪相送，哭声震惊八方，却也唤不回男儿的一条性命。

一面是渴求皇帝赏识，赐予一位官职实现人生价值；另一面，杜甫丝毫不忌讳朝廷的淫威，在现实正义面前，他义无反顾地吼出了心底的声音。求仕却不委曲求全，求名却不丧失人格，这正是杜甫作为一名享誉千古的伟大诗人的高标之处，他用一腔热血慨然叹出了对当时社会黑暗的控诉。

战争已经开始了，作为一个具有社会责任感，深受儒家思想影响的文人，杜甫看到的是人民的痛苦，是灾难，是他们最深的无奈。穷兵黩武，自古以来就是王朝颠覆的征兆，秦朝的二世因此而亡，汉朝的汉武征伐，带给人民的是灾难，是痛苦，是毁灭性的打击。

第二节

初为素官，河西小官空折腰

一个王朝的倒塌也许只在历史的书籍中留下几页密密麻麻或是稀稀疏疏的文字，但是这对于当时经历痛苦的人们来说，却是整个世界的崩塌，妻离子散，家破人亡。

许多文学家高高在上地去评判去同情战争中的人们，他们没有经历过，却来指手画脚，说出的不过是一些皮毛，一些隔靴搔痒的话，而杜甫却不是，他是真正经历过战争痛苦人，他愿意让自己的眼睛直视那些卑微的人民，他为他们的痛苦而痛苦，为他们的快乐而快乐，因为感同身受，所以作品真实动人。

天宝后期的诗坛依旧有着许多色彩，五彩斑斓的颜色，涂抹着时代，涂抹着朝廷，涂抹着这些诗人的脸。有耀眼的金色，有华丽的红色，有清新的绿色，有深沉的黑色，这些颜色，还曾经在盛唐的画布上涂抹着自己的颜色。盛唐的风姿还在，许多诗人并没有感受到衰亡的气息，即使有的人感受到了，却也不愿意相信这是事实。

殊不知，盛唐已经被自己燃起的火点燃了，这把火快要烧尽了。杜甫也为盛唐留下了颜色，但他留下的是灰烬的颜色。

天宝十三年（公元751年），长安阴雨连绵，连下了60多天的雨，长安人民苦不堪言，房屋倒塌，农作物遭遇涝灾，几近颗粒无收。当时的丞相杨国忠一叶障目，这“叶”是他的奢侈生活，竟然挡住了无数人民的哀号，竟然挡住了无数家庭的愤怒。杨国忠竟然“取禾之善者献之，曰：‘雨虽多，不害稼也。’”而玄宗也竟然“以为然”。更有甚者，“扶风大守房琅言所部水灾，国忠使御史推之。是岁，天下无敢言灾者。”（见《资治通鉴》卷二一七）

然而当时，唐朝的覆灭正以摧枯拉朽的态势像多米诺骨牌一样，一层层往下推落，而王朝的最高统治者却像一个幼稚的孩子，听信杨国忠的谎言，而这谎言竟没有人有能力去戳穿它。

所谓悲剧，便是把美好的事情毁坏。我们看历史，常常能够看到一幕幕，一个王朝的悲剧，总是从它的内部开始的，自己把自己毁灭，是悲剧之中最令人感伤的。

此时的杜甫也陷入了极端的痛苦中，在《秋述》中他写了自己的苦闷："卧病长安旅次，多雨生鱼，青苔及榻。"此时的杜甫是一个代表，他所代表的不仅仅是自己，还有知识分子，有诗人、文人，还有当时的广大人民。

唐玄宗看不到人民的疾苦，杨国忠看不到人民的灾难，因为他们没有经历过贫困，没有感受到生活的艰辛。

可是杜甫不能，在《九日寄岑参》中，杜甫写了自己因为连日阴雨不能出行访友的郁闷，同时还想到了跟自己一同经历涝天的人们："吁嗟乎苍生，稼穑不可救。安得诛云师，畴能补天漏?"看到这里，不禁想起了季羡林先生曾经写过的一篇关于雨的散文，在那篇散文里他写到了雨对于农民的重要性，而杜甫则是想到了雨给人民带来的灾难，这种推己由人的品格，来源于知识分子的人格操守，以及他们对于儒家精神的理解和自身的生活经历。

在书斋里读书而没有深入过社会底层的人，很难真正体会到为什么要"已所不欲勿施于人"，更难做到"己欲立而立人，己欲达而达人"。唐玄宗不能体会，杨国忠也不能体会，但是杜甫可以。

在长安的十年，对于杜甫来说，是青春的十年，也是最有活力的十年，但是他却把这十年付给了无穷无尽的等待，在长安的第十年，杜甫终于等来了机会，他被任为河西县尉。

一个等待了十年的人终于等到了机会，难道不应该欣然答应吗？出乎意料的是，杜甫拒绝了，十年的时间没有完全磨去杜甫的锋芒，没有损耗他的人格。杜甫没有因为长久的等待而丧失理智，也不会因为一些蝇头小利，就趋之若鹜。十年的长安生活已经让他看淡看透了世事，他在诗里解释自己拒官的原因："不作河西尉，凄凉为折腰。老夫怕趋走，率府且逍遥。"(《官定后戏赠》)

在杜甫的文人性格里有着一些陶渊明般的傲气和隐逸，这也是他日后在成都草堂写下许多具有闲情逸趣诗歌的原因。虽然在我们的认知中，杜甫是皱着眉头的，是苦闷的，但是真实的杜甫懂得苦中作乐，坚守着气节，向往着隐逸闲适，但不忘忧国忧民，总是让人民和国家的事停留在脑中，而把自己的名利事业挥之脑后，这就养成了他隐逸达观的性格。

十年的长安生活，最后换来的是一个"右卫率府兵曹参军"的职位，这个职位仅仅是从八品，相当低微，平时负责保管钥匙，看守着兵器。我们可以想象，一个被后人无比推崇的伟大诗人，在当时被呼来喝去，身份低微，多么具有讽刺意味。也许每一个时代的天才，都会被掩盖锋芒，因为他们的思想已经超越了那个时代所能承认的范围。

此时的杜甫已经44岁，当初到长安来时，他的目标并不是成为这样一个小官，但是此时的杜甫已经不再天真，他身负家族的责任，还要努力生活，因此他只能接受这样一个卑微的职位，接受也许碌碌无为的一生。

从此，杜甫结束了长安求仕阶段的生活，开启了属于自己诗人的一生，从此，他不再抬头仰望，而是脚踏实地，一步一步地走着自己的诗人之路。从此，杜甫的诗歌，不再是个人的抱怨呻吟呼号，他也不再以一个俯视者的身份，而对人民的疾苦抱有同情怜悯。他开始用自己生命写诗，把自己的生命融入时代。

比起杜甫在右卫率府兵曹参军之位上所作出的贡献，更难能可贵的是身为诗人的他在经历过历史巨变的转折点后，目睹了沦陷长安的种种惨象，一首首或是忧国忧民反映战乱现实，或是抒发忧虑时感叹真挚细腻的诗篇，为记录动乱时期人民的心声和社会现实提供了第一手的史料。

也许杜甫是那个时代最普通的个体存在，但因为他的生命轨迹跟时代的兴衰产生了某种结合，这种结合让时代被杜甫的诗歌所注释，让杜甫的诗歌被时代的烽火所烙印。无法脱离时代的杜甫，给予了那个时代最无私的馈赠，他是把自己的心、自己的身体、自己的家庭、自己的一生都献给了那个时代。对于时代，杜甫贡献良多，但对于杜甫自身来说，他活着的时候，受到的痛苦太多了，受到的忽略和白眼太多了，受到的磨难也太多了，不由得不令人感叹！

第三节

家破国衰，省家哭断儿肚肠

杜甫是一个伟大的诗人，人称“诗圣”，但却不是一个好丈夫，不是一个好父亲，对于家庭，杜甫亏欠良多。在长安的十年，杜甫的生活被饥饿和贫困所围困，到最后，由于衣食堪忧，杜甫把妻子送到了奉先（今陕西蒲城），寄住在县署公舍里，他自己留在了长安。

不久后，杜甫被授予右卫率府兵曹参军的官职，虽然官职十分卑微，但是杜甫想到能够让妻儿不再跟着自己受苦，便接受了这个职位。上任不久，杜甫便去奉先县探看客居在那里的妻儿。

天宝十四年（公元 755 年）的暮秋，杜甫从长安出发了，离开了滞留十年的长安，此时的杜甫没有想到，自己想再回到长安，竟会如此困难，更不会想到自己再见一眼长安的景色，会成为他记忆里的一个节点，再见的时候，长安已是面目全非，国破山河还在，但是城春的草木已经很深了。

寒冷的夜，黑色的帷幕，遮蔽了黑夜掩盖下的暗潮汹涌，挡住了铺天盖地的肃杀之气。乘着夜色，杜甫出发了，凛冽的北风呼啸而过，这一路，山路艰险，路途漫长，一座又一座的山，一条又一条的路。

途中的杜甫过的依旧是饥饿困苦的日子，尽管在生活上很艰辛，但是想到就要见到自己的妻儿，杜甫心中就充满了力量，脚磨破了，手磨破了，衣服也破了，可是杜甫心里的梦没有破，在黑夜里燃起篝火围着取暖时，杜甫常常会幻想自己看到妻儿时的快乐景象。

天寒地冻，路远马亡。万物凋零，秋风肃杀。在一个深夜，杜甫路过骊山，远处的华清宫，稳稳地坐落在山腰上，曾经有无数的人为了建造这所宫殿丢失性命？曾经又有多少人为了建造华清宫而妻离子散呢？望着那个奢侈的宫殿，望着远方通明的灯火，杜甫想象着在华清宫里欢乐的唐玄宗和杨贵妃，陷入了深深的忧思。

史书《旧唐书》里记录了唐玄宗的奢华生活：“玄宗每年十月幸华清宫，国中姊妹五家扈从。每家为一队，着一色衣。五家合队，照映如百花之焕发。”每年的十月，唐玄宗都会带着杨贵妃和她的姐妹们到骊山华清宫避寒，今年也不例外。

身边是刀割般的寒风刺骨，面对着远方的宫殿，杜甫的心又一次被揪起来了。他敏锐地感觉到，唐朝就要走向衰败了。就在唐玄宗和杨贵妃在华清宫享乐玩耍不理朝政之时，安禄山已经在渔阳起兵造反了。

全神贯注享受生活的唐玄宗不会想到，渔阳的鼙鼓声已经敲响，他所享受的每一分钟都有人在倒下，他所享乐的每一分钟都有一寸山河在失落，这个被声色犬马控制了意识的皇帝，差点成了亡国之君，由他开始，唐朝开始一步一步地滑落。谁能想到一个人的享乐竟然能够导致这样巨大的悲剧，谁又能预料，这场战争来得这么突然，这么剧烈。

美貌动人的杨贵妃依旧雍容华贵，她没有预料到自己的红颜薄命，也不会想到自己的结局竟然是马嵬坡上的三尺白绫。

此时的杜甫并不知道安禄山已经造反，他只能深深地担忧，十年的长安生活，让敏感的杜甫感受到了战争的血腥味，可是他没想到，这场动乱竟会持续这么长时间，直到他死国家都没有安定下来。

百感交集的杜甫回到家中，本想让家庭的温暖抚慰自己的心灵，但却听到了小儿子饿死了的噩耗。这个消息就像一盆凉水，把杜甫的心浇透了，这种痛深入骨髓，让他的心灵受到了巨大的震动，五味杂陈的心里，对国家充满无奈，对时局感到恐惧，对家人深感愧疚，这让杜甫重新审视了自己的生命。

天宝十四年（公元755年），杜甫写下了“史诗”中的第一首长篇作品《自京赴奉先县咏怀五百字》。

杜陵有布衣，老大意转拙。许身一何愚，窃比稷与契。
居然成濩落，白首甘契阔。盖棺事则已，此志常觊豁。
穷年忧黎元，叹息肠内热。取笑同学翁，浩歌弥激烈。
非无江海志，潇洒送日月。生逢尧舜君，不忍便永诀。
当今廊庙具，构厦岂云缺。葵藿倾太阳，物性固莫夺。

——《自京赴奉先县咏怀五百字》（节选）

在《自京赴奉先县咏怀五百字》的开篇，杜甫表达了自己的理想，自称“少陵野老”的杜甫，承认自己的老，也承认自己的布衣身份。但是，这个又老又不合时宜的老人，却有着一番伟大的志向。所以他说，“许身一何愚”。

韦庄有一首小词《思帝乡》：“春日游，杏花吹满头。陌上谁家年少，足风流，妾拟将身嫁与，一生休。”“许身”就是把自己的一生一世都托付给别人，对于中国古代的女子来说就是要嫁一个好人家。杜甫在诗里的“许身”也是在表达这种托付的决心，他把自己的心托付给了理想，他的理想正是“窃比稷与契”，也就是杜甫年轻时候所说的“致君尧舜上，再使风俗淳”。

年轻时候的理想到现在都没有变，杜甫对于儒家学说是一个彻底的践行者，他相信入世，相信弘道，用孟子的话来说就是“思天下有溺者，由己溺之也；稷思天下有饥者，由己饥之也。”（《孟子·离娄下》）。杜甫虽然明白自己的理想不合实际，也经历了无数次的失败，但是他却始终不愿意改变自己的志向，因为一想到那些身处水深火热之中的人民，杜甫便没有办法冷静，没有办法隐居起来，只做一个逍遥的隐士。

也许做一个像蝼蚁一样的人，可以保自己的平安，舒适温暖，但是杜甫却不能像蝼蚁一样活着，他要做一只飞翔在天空中的鹰或是做一只纵横在海里的鲸。因为对于时代、对于人民，杜甫有着自己的责任感，他没有办法独善其身，更不能隐居而不问世事。

有的人选择了改变自己最后成为别人，但是杜甫却是一个只能成为自己的人。

第四节

天上人间，朱门酒肉冻死骨

天上人间是形容富人的享受生活，显示了上层社会跟贫苦人民之间的巨大差别，当龟裂的土地上有无数只手在痛苦地伸出，无数人在愤怒地呐喊之时，唐玄宗正在享受着与杨贵妃在一起的快乐时光。他们是住在天上的人，高处不胜寒，但唐玄宗好像没有感受到这种寒冷。是啊，华清宫里四季如春。而外边的土地却因为寒冷已经泛上了一层白霜，这如同白绫的颜色，缓缓拉开了唐王朝灭亡的帷幕。

岁暮百草零，疾风高冈裂。天衢阴峥嵘，客子中夜发。

霜严衣带断，指直不得结。凌晨过骊山，御榻在嵽嵲。

蚩尤塞寒空，蹴蹋崖谷滑。瑶池气郁律，羽林相摩戛。

……

朱门酒肉臭，路有冻死骨。荣枯咫尺异，惆怅难再述。

——《自京赴奉先县咏怀五百字》（节选）

时值岁末，百草凋零。疾风呼啸，天地崩裂，一切似乎都处于昏暗的阴霾之中；黑云如山，阴森可怕。孤零零的杜甫即将在这个月黑风高的夜晚离 q 开京城。冰霜满地，落满了远行人的衣裳。天色朦胧，杜甫终于来到了骊山脚下。在这样恶劣的天气中，他还要在结冰铺霜的道路上艰难地踽踽前行，而联想到京城中像王母瑶池仙境一样的华清宫里的穷奢其极，云雾缭绕里歌舞升平，婀娜舞姿与妩媚歌吟相映成趣，响彻辽阔的天宇。一面是香酒、貂绒、翩翩美人；一面是风寒、冻雪、枯瘦老者；触目惊心的反差格外勾起杜甫的敏感忧思。

一边是从富贵人家的朱门中飘散出酒肉的诱人香气，另一边是荒野路边的冻死之人，同一时空下两种截然不同的画面，两个苦乐不同的世界，引起诗人发出“朱门酒肉臭，路有冻死骨”的愤怒的呼喊，其强烈对比形成了批判现实主义的汹涌浪潮、发自诗人肺腑的敏感和阵痛，转化成感人至深的力量。每一个字都掷地有声，砸在唐代的历史轨迹上，无情揭露了粉饰已久的唐朝外强中干的本质。

一句“朱门酒肉臭，路有冻死骨”千古传唱，直到今日，这种贫富的巨大差距仍然存在。杜甫原本也出身“朱门”，但是他过早地感受到现实的残酷，过早地摈除了身处朱门的阶级优越感，虽然他的祖父杜审言身居高位，但是在杜甫的心里，“朱门”内的人不该总是享受酒肉，不该总是耽于美色，朱门内的人应该“为天地立心，为生民立命”。后世张载能够理解杜甫的思想，他们都是儒家的信奉者，这种责任感压在他们身上有点重，但是正如司马迁在《报任安书》里所说：“死有重于泰山，有轻于鸿毛”。选择轻，可以高枕无忧，做个闲云野鹤，穷则独善其身，达则兼济天下；但是选择重，便注定了一生的背负。宋朝的范仲淹在《岳阳楼记》里说过一句经典的话：“先天下之忧而忧，后天下之乐而乐。”

杜甫就是这样一个人，只要他目睹的灾难没有中止，只要他看到人民的痛苦没有结束，他就没有办法停止自己的忧思，没有办法停下手中的笔。也许他无能为力，也许他没有办法去做什么实质性的改变，但是至少他对这些问题做到了如实地记录、真实地表达。

此时杜甫的妻子儿女正寄居在奉先，无依无靠，漫天风雪，如同孤零零漂泊在天边的鸟儿，一家人分隔两地，过着孤凄贫苦的生活！

身为父亲，杜甫竟无法挽救小儿的生命，只能眼睁睁地看着幼子饱受饥寒的困苦活活饿死！内心的惭愧无从言说，只有无声的泪水悄悄滑过面庞……

身为一介官人，杜甫既不受兵役的侵扰，又没有苛捐杂税的负担，日子尚且这样悲惨，更何况是一般百姓呢？念及已经失去土地的农民，倾家荡产；想到久戍边防的士兵，自己顶着为官的头衔，却不能承担起“民之父母”的责任，徒有一腔忧国忧民的悲愤，却只能在诗歌中抨击呼喊，对无辜贫民的同情，对君臣不争的埋怨，对国家不强的失望，已经把杜甫置于那无边无际的生命苦海之中了。

杜甫伤痕累累的心灵，如同被战火摧残的土地，满是疮痍；沉痛如疴的大地，被“朱门酒肉臭，路有冻死骨”的现实一遍遍打击。每一个时代，都有自己的伤口，而唐朝的疤痕毫无疑问是“安史之乱”，而且这个伤口太难愈合，它不断地涌出鲜血，一寸寸地撕裂着肌肉和骨骼。

看到繁华导致的卑微，让杜甫格外愤怒，在《杜诗镜铁》卷三里评价这首诗说：“引发上指冠，大声如吼。”青年时代的侠义性格也许随着年龄的增长会逐渐消失殆尽，但是杜甫内心那种对于时代的感受，对于不公平的愤怒却从来没有消失过，这首《自京赴奉先县咏怀五百字》就是他对于时代的愤怒，对于唐玄宗的不满。杜甫是有资格愤怒的，他不是皇帝，不用负担整个国家；不是杨贵妃，不用因为被视为红颜祸水而自尽于马嵬坡。他只是那个乱世中的一个普普通通的人，他失去了自己的幼子，他愤怒悲痛，长歌当哭，长歌当骂，是一个文人下意识的发泄。

白居易的《长恨歌》里有一句话："上穷碧落下黄泉，两处茫茫皆不见"，这是描写唐玄宗失去了杨贵妃的痛苦，这痛苦如此深刻，如此锐利，但这痛苦不只唐玄宗有，在"安史之乱"中每一个失去亲人的人都有切身体会，杜甫也在其中。

这痛苦不是用号啕大哭便可以宣泄的，不是捶胸顿足就可以释放的，这种痛苦压抑在心里无法释怀。更何况，他认为如果不是自己一意孤行，小儿子就不会饿死，这种人世间最悲痛的感情堵在杜甫的心里，让他只能选择长歌当哭。

入门闻号啕，幼子饥已卒。吾宁舍一哀，里巷亦呜咽。
所愧为人父，无食致夭折。岂知秋禾登，贫窭有仓卒。
生常免租税，名不隶征伐。抚迹犹酸辛，平 q 人固骚屑。
默思失业徒，因念远戍卒。忧端齐终南，澒洞不可掇。

——《自京赴奉先县咏怀五百字》（节选）

生长在那个由盛转衰的时代，杜甫别无选择，他所经历的一切，让他无法像李白一样放浪形骸。他看到的不再是公孙大娘“观者如山色沮丧，天地为之久低昂”的剑舞；他看到的不再是“笑尽一杯酒，杀人闹市中”的英雄侠义。

杜甫看到的是死亡，是不公，是战争，是血淋淋的现实，是一寸又一寸山河的沦落，是一个又一个故友的死亡，是亲人的饥饿，是自身的无奈，是欲得而不可，是命运的彷徨无力。

杜甫的每一首诗都是他灵魂深处的一次呐喊，都是他杜鹃啼血般的哀鸣。文学到了杜甫这里，不只是“诗史”，还是救赎。杜甫是用一个字一个字救出了自己，把自己从那样残酷无望的现实中拉了回来，把那些出现在自己眼前的、无望的呼救、无尽的鲜血写成诗歌。杜甫做了身为一个文人而应该做的事情。这份责任后人也有，发誓“为天地立心，为生民立命，为往圣继绝学，为万世开太平”的张载不也是像杜甫一样的文人吗？“铁肩担道义，妙手著文章”的李大钊不也是像杜甫一样的文人吗？“两间余一卒，荷戟独彷徨”的鲁迅不也是像杜甫一样的文人吗？

每一个彷徨无望的时代，每一个战火频仍的时代，都有像杜甫一样的文人，谁说“百无一用是书生”，如果没有像杜甫一样的文人书生，拿什么来抚慰“朱门酒肉臭，路有冻死骨”给人民带来的伤口和内心的哀伤。杜甫，是那个时代的良心，如同像杜甫一样的文人也是他们时代的良心，正如鲁迅所说的，他们是时代的“脊梁”，是撑起时代的人，是宁愿骨骼尽裂、血肉模糊，也要撑起理想、撑起时代的人。

直至此时，经过现实主义精神的浸润，杜甫的忧国忧民之心日益强烈，达到了前所未有的高度和深度，他正在以独特的方式，将一腔正义的热血挥洒在历史的丰碑上，将“杜甫”二字镌刻在唐朝的诗歌史上。

是这个时代成就了杜甫，同时杜甫也成就了整个时代。

第四章

凌乱时光再回首

山野里寂寥无人，静穆的可怕，偶尔飞过的鸟儿长一声短一声地啼鸣，却不见有逃难的人往回家的路上行走。饿极了的小女儿直咬杜甫，她的啼哭声在寂静的山林里回荡，令人心酸。

第一节

颠沛流离，安史乱世扰人安

天宝十四年（公元755年）十一月，“安史之乱”爆发了，安禄山的造反是偶然也是必然，虽然早就有造反的心思，但是当时的安禄山却并不着急，毕竟他有着各种各样的顾虑，安禄山一直在等，想等唐玄宗归天后，他就堂而皇之地造反。但他身边的人却忍不住了，权利的诱惑太过于吸引人，身边的随从不断地刺激着安禄山，鼓动他造反，这两人分别是高尚和严庄，他们的吹捧让安禄山飘飘欲仙，决定了提前造反。

这时的安禄山并没有考虑很多，“安史之乱”发起的非常仓促，他的妻子们都留在了长安，他带着军队杀到了洛阳，却听到了自己在长安的儿子被腰斩，女儿被赐死的消息。跟吴三桂的“冲冠一怒为红颜”有些相似，安禄山则是“安史之怒为儿女”，他悲痛地对天大喊“我何罪之有？而杀我子！”

仅仅33天，洛阳就失陷了。愤怒让安禄山开始屠城，他变成了一个彻头彻尾的侵略者，一个彻头彻尾的强盗，安禄山所到之处，便是一场巨大的灾难，奸淫妇女，屠杀幼童，打家劫舍。明朝的顾炎武曾经说过，有亡国者，有亡天下者。安禄山的造反不仅导致了唐朝日后的亡国，也亡了整个天下。

在满目疮痍的大地上，“茫茫走胡兵”，这些野蛮的人把整个中原大地当成了自家的后花园，尽情地摧毁，尽力地宣泄着暴力、愤怒和力量。

一场浩劫席卷了中原大地，彼时在骊山华清宫与杨贵妃享受的唐玄宗绝不会想到自己迎来的是怎样的一场劫难！河北的二十四个郡相继投降，举国上下没有一个人能抵抗安禄山，唐玄宗感到的是一种彻骨的寒冷。“身后有余忘缩手，眼前无路想回头”，奢侈到了一定程度，便要物极必反地导致穷途末路。

好在整个唐朝还是有忠肝义胆之士的，否则历史恐怕将要改写，中国人的气节便将葬送在安禄山的手中。谁又能想到，最先挺身而出与安禄山作斗争的不是朝廷的大官，不是驻守边关的武将，而是一个小小的太守，一个书法家，一个手无缚鸡之力的文人。平原县（现在的山东平原县）太守颜真卿以卵击石，带着仅有的数千人，拼死与安禄山作斗争，并且鼓动其他人在路上抵抗安禄山，形成一道防线。后来史书《资治通鉴》大大赞扬颜真卿的品格，称他“首唱大义”。

盛世之时，文人纳谏，若是碰到明君如唐太宗还好，若是碰到昏庸的君主，便会被处罚甚至获刑。当乱世之时，文人扛鼎，拿起武器，保卫着国家，实为不易。无论什么时候，真正的文人绝不会锦上添花，而更擅长雪中送炭。当唐玄宗听到颜真卿抵抗安禄山的消息时，就像抓住了最后一根救命稻草，走路踉跄地喊着颜真卿的名字。

历史大事可以轻描淡写，也可以详细描述，但往往所谓“大事”，不会写出人民的奔走，不会写出他们逃命的喘息。而杜甫却可以，因为他就是流亡人民中的一员，因为他就是“安史之乱”压迫下勉强活着的人民中的一个。

天宝十五年（公元756年），暮春之初，正当唐皇正洋洋自得地沉溺于醇酒美色虚构出的一片太平盛世的幻想之中时，安禄山在洛阳正式自称为“大燕皇帝”。

起初，安禄山派儿子安庆绪来攻打潼关，潼关之长哥舒翰坚于镇守，用兵有方，安庆绪落败而逃。此时的大唐亦是困兽犹斗，实力越来越衰微，面对叛军的侵扰也越来越抵挡不住。同年六月，大唐将军哥舒翰在灵宝西作战失败，潼关在安禄山的铁蹄下化为乌有。临近傍晚，不知是战争的火光还是落日的霞光，红彤彤地燃烧了半边天空，远水萦回，熠熠发光，层层山峦重叠掩映，夹杂着刀光剑影，血流如河。

唐玄宗如同大梦初醒，终于看清了整个国家的形势，慌慌张张地开始了逃难生涯。身为一国之君，却沦落到被逼无奈四处逃窜的境地，玄宗不是第一个，也不是最后一个。而且竟然是被自己豢养出来的“忠臣”逼得不得不奔蜀，堂堂一国之君有这样的举动实在是可笑之极。

此时的杜甫刚刚离开奉先，告别了妻儿，返回长安，赴任右卫率府兵曹参一职。但刚刚出发没多久，杜甫就得知了叛军逼近潼关的消息。杜甫马不停蹄地返回了奉先，想要带着自己的妻儿逃命，他们往白水（今陕西白水县）的方向逃亡，想要去投奔杜甫的舅舅县尉崔顼。

于是，杜甫带着一大家子人，开始了逃难的生活。他们随着难民的队伍进发着，多少次死里逃生，多少次的千钧一发，简直就是一幅活生生的“流民图”，人人都显得破败颓唐。这时候的杜甫哪里还有闲情逸致，哪里还有满腹牢骚，他所想的不过是活下去，带着自己那一大家子人活下去。

黄土高坡，漫天的沙尘吹得每一寸皮肤都不再稚嫩，不再脆弱。这一队流民，就像无头的苍蝇，到处飞来飞去，一听到战争的消息，就吓得东奔西走。当时表侄王砅和杜甫两家人都寄寓在白水避乱，后来又一同向北逃难，一路上，走了数不清的弯路，经历了难以想象的挫折困苦。

上路之初，杜甫原本骑着的牲口不知被谁抢走，只得步行。兵荒马乱中杜甫跌倒在蓬蒿坑里，摔伤了腿，妻儿们没法把他拉起来，差一点就被胡兵抓走了，幸亏王砅心地善良，一路上呼喊着杜甫的名字，奔走十余里于流民中找到他，而后又将自己的马让给他，自己右手擎刀，左手紧握缰绳，保护着杜甫，生怕再有闪失。王砅对自己的救命之恩，杜甫终生难忘，离乱中的聚散无依，让杜甫格外珍视这乱世中短暂又诚挚的情谊。

就这样拖着走着，猛兽、雷雨、山洪随时威胁着杜甫的生命；就这样冒着风雨，踏着泥泞的道路，一步一艰难，杜甫一家终于走到了鄜州（今陕西富县）附近的同家洼，友人孙宰热情地招待了杜甫一家人，让他感受到了许久没有得到的安宁。

山野里寂寥无人，静穆的可怕，偶尔飞过的鸟儿长一声短一声的嘶啼，却不见有逃难的人往回家的路上行走。饿极了的小女儿直咬杜甫，她的啼哭声在寂静的山林里回荡，凄惨凌厉。

杜甫害怕她的哭声招来老虎和豺狼，把女儿紧紧地抱在怀里，掩着她的嘴。可小女儿哭闹得更凶了，在山野中荡起一阵阵回音。小儿子见着妹妹哭得这么凶，装着懂事儿的样子，采了些苦李子给她吃，看着青涩的苦李子，再望望儿子天真无邪的脸庞，杜甫心中感慨万千。

雷雨下起来没完，路上泥泞的根本没办法下足，杜甫和妻子杨氏抱着孩子，在泥泞中一脚深一脚浅地走着。雨水湿冷，却不及杜甫的心凉；前路艰苦，却不及杜甫的心境更苦。他们饿了便勉强以野果为食，累了就斜倚低树歇息养神。白天里蹚着四处流淌的泥水一步步艰难行进，晚上则住在稍有人烟的地方勉强休息。

后来杜甫在诗中回忆起以往流亡路上的种种情景，心中万般滋味难以言说。

幸而碰到了孙宰这位老友，杜甫举家流落至此，忽然受到雪中送炭之情，这情谊让杜甫唏嘘不已。孙宅连夜大开重门，张灯接客，对杜甫一家盛情款待。烧水烫脚，为其解除许久以来的困乏；剪纸作乐，安抚一路上饱受颠簸惊吓的魂魄。孙家的妻儿出来与杜甫一家相见，数目相对，热泪纵横。幼儿因过于疲累早已沉睡，但还是叫起他们来享用这顿丰盛的晚餐。孙宰发誓要与杜甫结拜为兄弟，特意腾出宽敞的堂屋让杜甫一家人居住。在这样艰苦落魄的条件下，有一位挚友这般坦诚地出手相助，肝胆相照，谁能不涕泪横流呢？——这是一幅凄惨的流民图，更是一幅你我相依的人情画，惊恐中见温暖，凄凉中显幽致，画里不再有疾风骤雨，不再有寒冷的黑夜，取而代之的是温暖的烛光，恬淡的生活，一种温馨浓郁的家的感觉。

也许正是因为经历了这些残酷的路程，杜甫才特别感谢朋友的帮助，从他的诗中我们总是能够感受到他对于朋友的感情。他相信友情，是友情帮助了他，是友情救了他的性命。好几次，都是因为有朋友，杜甫才能挣扎着活下去。这恐怕也是在乱世中最值得珍惜的东西，乱世的命运让人挣扎，但依然还有温暖的感情，还有不离不弃的偎依，让人感动，让人珍重。

在孙家小住之后，杜甫又携眷经华原（故治在今陕西耀县东南）、三川（故治在今陕西富县南）赴鄜州（今陕西富县）。诗人行经此处正值洪水暴涨，随处可见“秽浊殊未清，风涛怒犹蓄”之景象。

经历了颠沛流离、千辛万苦之后，杜甫一家，终于过了洪水泛滥的三川地区来到鄜州，将羌村作为暂时的居住之所。至此，在安史之乱大背景下一个普通人的流亡之路正式画上了句号。亦正是这种俯身民间、亲近百姓的经历，让杜甫得以从十年旅居京华的生活中跳了出来，近距离地窥视真正的平凡人的普通生活，各种辛酸悲苦都化作杜甫笔下激情四溢的文字，拷问着当时的统治者们，警醒着后世的往来人。

第二节

月夜遥想，云鬟玉臂倚虚幌

秋月无情，又照着一番离乱。

渡过浑黄的洛水，已是鄜县，

唐时的重镇，全非旧观。

城荒街寂，铺小人闲。

唐代的古钟报着更点。

——廖仲安《抗战时期热爱杜诗的三位学者》

6月8日这一天，20万的军队被打得不堪一击，溃不成军，潼关失守了。唐玄宗急不可待地仓皇逃跑，长安成了一座空城。朱雀街上不再是车如流水马如龙，取而代之的是人们纷纷奔命的混乱场景。

唐玄宗带着嫔妃向四川进发，这一路狼狈之极，曾经的奢侈生活转眼间就变成了过眼云烟，成为只能想象的场景。奸臣杨国忠买来一块普通的炊饼，嫔妃们都要来抢，曾经对驼峰不屑一顾，对满桌的山珍海味难以下箸的妃子们，对着一块炊饼，忘了曾经的奢侈，曾经的不耻。当生存成了最基本的要求，这些朱门出身的皇家贵族也变成了最普通的平凡百姓，他们显示的不再是贵族的风度，不再是皇家的体统，只有填满肚子的最基本的欲望而已。

唐玄宗看着眼前的场景，百感交集，此时的他已经不再年轻，不再风流倜傥。当一行人走到马嵬坡（陕西兴平县境内）的时候。随行的军队发生了叛乱，他们涌到唐玄宗的身旁，把杨国忠杀死了，杀死他还不解气，还把他的尸体肢解了。另一个奸臣韦见素的下场也不比杨国忠好，军人们早就受够了这两个丞相的淫威，他们拿着武器击穿了韦见素的头部。

唐玄宗看到这样的场面，再也没有了平日的威风仪态，他发现，当自己从皇帝的宝座上走下来后，自己的生命未见得就比别人高贵，如果面前的军队要杀死自己，那真是易如反掌。

痛苦的唐玄宗，被逼着赐死了杨贵妃，“天长地久有时尽，此恨绵绵无绝期”。曾经“天生丽质难自弃”的杨贵妃不再受到上天的庇佑，她拿着三尺白绫，吊死在了马嵬坡。

苦苦的挣扎并没能让她逃脱死亡的命运，那些因为杨贵妃而死去的人，这一刻因为这样一个美丽女人的死而得到了宽慰。只是这场“安史之乱”的浩劫，又怎么会因为一个女人的死而终止，“霓裳羽衣曲”的美妙声音，杨贵妃的飘然舞姿，还停留在唐玄宗的脑海里，一转眼却跨过了红尘万丈。

7月，太子李亨在宁夏的灵武称帝，是为唐肃宗。此时的杜甫已经到了鄜州，刚刚把家安置在了城北的羌村，当他听说肃宗在灵武即位后，他做出了一个重要的决定，出发北上去了延州（现在的陕西延安），准备从芦子关（现在的陕西横山）到灵武去投奔唐肃宗。

乱世见忠臣，像颜真卿一样，杜甫必然要挺身而出。杜甫这段投奔唐肃宗的路，非常艰难，到处是荒山野岭，豺狼虎豹，一个已过中年，开始年迈的老人，为着国家，为着人民，开始了自己的征程。

白天，杜甫专挑那些无人问津的小路走；半夜，杜甫就偷偷地到官道上赶路。可是小心翼翼的杜甫还是没能逃脱胡兵的逮捕，此时安禄山的势力已经延伸到了鄜州的北边。

在赶路途中，杜甫被发现并被逮捕了，这时候的他外表非常邋遢，老迈、瘦弱、脏乱，头发和胡子都白了一大半，胡兵准备押送他到长安。也许是因为外表的普通，也许是因为杜甫的沉默，这时候他并没有引起胡兵的重视。

塞翁失马，焉知非福。此时的杜甫因为官职低微，因为名气不高而逃过了胡兵的盘问。相反，名气非常大的王维和郑虔等在洛阳却受到了很大的折磨。

杜甫趁着看守不注意的时候，逃出了洛阳，命悬一线的经历让杜甫体会到了生命的可贵，看到战火中苦苦挣扎的人们，想起盛唐之时，自己跟李白、高适一起打猎、游玩的场景，杜甫的心中充满了悲愤。

逃出洛阳后，杜甫冒着生命危险，来到了长安，他又来到了曲江旁边，又是一年的春天，曲江依旧很美丽，可是这条江却泛着淡淡的血腥味道，无数的百姓死在了“安史之乱”的烽火之中。

《哀江头》这首诗很明显地体现了杜甫的这种黍离之悲。写作这首诗的时候杜甫才45岁，但已满头白发，像是一个老翁了。此时，饱受蹂躏的长安已是满目疮痍，民众在叛军的铁蹄下呻吟，诗人把这一切都写进了他的诗篇里。

少陵野老吞声哭，春日潜行曲江曲。江头宫殿锁千门，

细柳新蒲为谁绿？忆昔霓旌下南苑，苑中万物生颜色。昭阳殿里第一人，同辇随君侍君侧。辇前才人带弓箭，白马嚼啮黄金勒。翻身向天仰射云，一箭正坠双飞翼。明眸皓齿今何在？血污游魂归不得。清渭东流剑阁深，去住彼此无消息。人生有情泪沾臆，江水江花岂终极？黄昏胡骑尘满城，欲往城南望城北。

——《哀江头》

这首诗作于至德二年（公元757年）的春日，如果把这首诗跟杜甫的《丽人行》放在一起看，会明显地感受到那种世事变换的快速和恒常的悲哀。曾经的丽人到哪里去了呢？明眸皓齿今何在？不过是一抔黄土。

就在这不胜愁苦的春季，一天杜甫偷偷地溜到城南昔日官绅侍女、皇家贵族的游览胜地曲江区游逛，只见水边宫殿，千门紧锁，但不管人间世事如何变幻万千，细柳新蒲，总也在春日来临之际照旧换上碧绿的盛装。想当年唐玄宗与杨贵妃来游曲江东南的芙蓉苑（南苑），旌旗招展，万象生辉，霓裳羽衣曲的舞姿仍然在时光里旋转摇曳，又似在眼前，似在天边。没承想，美好的事物总是如此短暂，乐极生悲、甜中生苦，一场突如其来的安史之乱打破了京都原有的繁华与平静，皇帝出逃，贵妃赐死，物是人非，思之令人百感交集，意乱心迷，不能自已。

想到这样的场景，杜甫没有办法忍住内心的翻腾，曲江边上昔日的宫殿已经萧条，没有人再到曲江边上赏春了，山河依旧在，面目却已非。抚今追昔，感世伤怀，杜甫想念的是曾有过的盛唐，他忧虑的是国家的未来。《岁寒堂诗话》里曾经这样评价这首诗："题云《哀江头》，乃子美在贼中时，潜行曲江，睹江水江花，哀思而作。其词婉而雅，其意微而有礼，真可谓得诗人之旨者。"

尽管个人遭遇了不幸，但杜甫无时无刻不在忧国忧民。时值安史之乱，他时刻关注着时局的发展，在此期间写了两篇文章：《为华州郭使君进灭残冠形势图状》和《乾元元年华州试进士策问五首》，为剿灭安史叛军献策，考虑如何减轻人民的负担。当讨伐叛军的劲旅——镇西北庭节度使李嗣业的兵马路过华州时，他写了《观安西兵过赴关中待命二首》的诗，表达了爱国的热情。

在安史之乱之后，杜甫曾经经历了一段刻骨铭心的流亡时期。《月夜》正是作者被俘虏到长安之后写作的现存最早的诗：

“今夜鄜州月，闺中只独看。遥怜小儿女，未解忆长安。香雾云鬟湿，清辉玉臂寒。何时倚虚晃，双照泪痕干?”

至德元载（公元756年）八月，中秋之月圆夜，月光皎洁，挥洒一地清辉。想来远在家中的妻儿也正在与我望着同一轮明月，怀忧思人吧。此时的我正深陷贼众，安危难卜，家寄异县，生死难知，心心念念的全都是家中未知世事的儿女，全都是幽暗烛光下妻子满脸泪痕，玉臂清寒的孤独身影。杜甫不禁怆然而涕下，为中秋佳节里不能团圆的亲人，为自己无从把握的命运，诗人望着光照两地的月亮，不觉出了神，产生了幻觉，恍惚感到自己似乎就在鄜州家人的身旁，如同实情实景一般，那么近，那么真，却像空中五彩斑斓飞舞的泡沫，在触碰到它的一瞬间，一切都化为虚影，这才是莫大的悲哀。这“探过一步”的笔法，巧用曲笔，并不直抒胸臆，却更加让人心痛感动。

从曾经的《兵车行》《丽人行》，到如今的《月夜》，是杜甫诗歌艺术成就的一大进步，这反映了杜甫的现实主义笔触不仅执着于现世中的人、事、物，更转向人们幽深而细腻的灵魂深处，从情感的角度把握残酷现实下的一丝丝人情和人性。

月还是那弯月，人却已经换了一拨又一拨，伤心的月色，千载同怜，诗人的悲思，古今同感。也许李白张口便能够画出半个盛唐来，但杜甫的哀思却覆盖了整个中唐。从“清辉玉臂”、“香雾云鬟”的《丽人行》到《三吏》、《三别》，沉郁的杜甫眉头一直都没有舒展过。

第三节

爱国华章，忧国忧民意难平

长安城沦陷了，举头见月，依旧明亮，但月光下的世界却是人间炼狱。安禄山带着军队大摇大摆地进入了长安城，踏上了朱雀街。本就野蛮的安禄山，带给长安的是一场屠杀。

这场屠杀持续了很久，接近百日，长安城彻底成为一座地狱。杜甫被困在长安，他目睹了这场屠杀，亲眼看到了这场浩劫。

什么是人间地狱，这就是；什么是世间悲剧，这就是。遍地的尸体，将人命视为草芥，空气中飘浮着尸体的味道，令人作呕，鲜血的红色成了最常看见的颜色，吸进的空气中好像都带着血丝，一点点，一丝丝，杜甫看到的，跟他印象中的长安成了最明显的对比。

清代的孔尚任在《桃花扇》里有一折《哀江南》，倒是可以给此时的长安做一个注脚。

“你记得跨青溪半里桥，旧红板没一条，秋水长天人过少。冷清清的落照，剩一树柳弯腰。行到那旧院门，何用轻敲，也不怕小犬哰哰。无非是枯井颓巢，不过些砖苔砌草。手种的花条柳梢，尽意儿采樵；这黑灰是谁家厨灶？”

当年粉黛，何处笙箫。原本的雕梁画栋，已经成了断井残垣。曲江里，不再是往日的清澈，原本在里面嬉戏玩耍的鱼儿被大量的尸体所代替，这些活生生的人，在战争面前失去了往日的光彩。

战争剥夺了他们的生命，让原本主宰世界、拥有灵性的人，成了蝼蚁一样的存在。《道德经》的开篇便提到“天地不仁，以万物为刍狗”，不仁的是天地吗？恐怕不是，不仁的是当年在曲江尽情享受的那些人，是在骊山的华清宫享受的那些人。

人因为自己的贪心，因为自己的享受，而让更多的人死去，这是罪孽，无论用多少词语去粉饰，用多少伟大的爱情去点缀，都是错误，都是罪恶，是无法被历史所原谅的罪行。

胡兵扫荡的时候，甚至连尚在襁褓中嗷嗷待哺的婴儿都不放过，从城北的皇宫，到郊区的平民，无论是衣着光鲜的朱门之人，还是卑微的乞丐或是走卒小贩，都没法逃脱胡兵的屠杀。在暴力面前、在屠刀面前，所有的金钱美色，所有平日里吆三喝五或是奴颜婢膝的人都成了过眼云烟，所有的生命都回归到了同样的位置。

当唐玄宗逃出长安的时候，随行的人员并不多，为了活命，当然要保密自己的行踪。但是正因为唐玄宗走得隐秘，在长安留下的无数的王宗贵族、皇亲国戚，没有来得及逃跑的他们，跟平民百姓一样落入了胡兵的手中。

铁骑奔腾让长安的人民恐慌，血流成河让长安的人民害怕，但是长安人，唐朝人，中国人，并没有因为害怕而束手就擒，并没有因为害怕就臣服于胡人安禄山。

十几万长安人迅速开始了抗击运动，已经年老的郭子仪宝刀未老，一呼百应，各地的救亡运动陆续开展。在郭子仪的带领下，岌岌可危的唐王朝重新开始振作。

历史就是这个样子，中国的历史上有着太多的摧毁和重生，有着太多的屠杀和重建，一个王朝覆灭后，另一个王朝很快便会重新建构。华夏儿女的性格中，有丑恶的一面，但也有顽强的一面，这种顽强和坚韧是死亡之后的重生，是绝望之后的反击，是置之死地而后生。

“安史之乱”乱得彻底，但总有人在竭力反抗，从颜真卿到郭子仪，从文人到武将，壮士英烈，忠臣武将，他们的脊梁撑起了整个国家，遍地血海，不会凭空白流，它流进每一个中国人的心里，流到了每一个中国人的血液里。

在郭子仪的带领下，“安史之乱”渐渐开始平定，唐肃宗李亨迁都到了凤翔。杜甫此时所在的位置距离凤翔并不远。杜甫决定到凤翔去追随唐肃宗，从城西的金光门出发，他开始了漫长的路程。

路过金光门时杜甫内心非常激动，他所渴望的“致君尧舜上，再使风俗淳”的理想从来没有忘记，但是在长安的十年却没有让他得到应该有的机会，这一次，他相信能够实现自己的理想和抱负了。但此时的杜甫并没有想到，再一次路过金光门的时候，他会被迫离开长安，离开唐肃宗，远离他的理想和抱负。

冒着枪林弹雨，杜甫穿过了胡军与唐军交战的战场，爬过了一座又一座山，晚上他听着豺狼虎豹的呼啸声入眠，白天他被崎岖不平的山路磨破脚掌。就这样，在路上徒步行走了几个月，杜甫终于从金门逃出，历尽千辛万苦，流落到凤翔，至此，杜甫终于结束了惊变与陷贼的苦难历程。

这一年是至德二年的四月（公元757年），经过了漫长的路途，贫穷而疲惫的杜甫，此时穿的是破破烂烂的衣裳，脚上的麻鞋也已经露出了脚趾。当见到唐肃宗的那一刻，杜甫泪流满面，唐肃宗也被杜甫的忠诚所打动，任他为左拾遗。

这一段经历被写进了下面三首诗：

其一

西忆岐阳信，无人遂却回。眼穿当落日，心死著寒灰。雾树行相引，连山望忽开。所亲惊老瘦，辛苦贼中来！

其二

愁思胡笳夕，凄凉汉苑春。生还今日事，间道暂时人。司隶章初睹，南阳气已新。喜心翻倒极，呜咽泪沾巾。

其三

死去凭谁报？归来始自怜。犹瞻太白雪，喜遇武功天。影静千官里，心苏七校前。今朝汉社稷，新数中兴年。

——《喜达行在所三首》

凤翔是古岐地，在岐山南麓，故称为岐阳。当杜甫得知唐肃宗于当年二月从彭原进驻凤翔，原本打算时刻追随皇帝的脚步前行，然而因无人前来，朝廷反攻叛军的消息又迟迟未闻，空劳忆念，他便下决心逃窜回去。在回去的路上，他提心吊胆地提防着叛军的身影，紧张匆忙之际，竟然迷路，只是凭借着道路两旁的树木来引导行程。前方山岭重叠，正在愁苦应该怎样通过之际，忽然看见一道观，顿时觉得幸运之极，长舒了一口气。《杜诗镜铨》卷三中刘辰翁评价这首诗说："荒村歧路之间，望树而往，并山曲折，非身历颠沛不知其言之工也。"

稳定下来再想想过去的日子，杜甫虽然感到高兴，但是也有自怜自惜，如果在路上就这样死去了，又有谁能够知道呢？"死去凭谁报？归来始自怜"，在路上时杜甫并没有想那么多，他一心所想的便是追随唐肃宗，在那个时候，唐肃宗便是杜甫眼中像周宣王、汉光武这样圣明的中兴之主，他早已将自己的生死抛之脑后，当游走在路上的灵魂充满着对国家、对君主的热切期望时，便不再去担忧自己的生死和危险了。

第四节

世态炎凉，宦海沉浮遣排忧

《新唐书·杜甫传》载："至德二年，（杜甫）亡走凤翔，上谒，拜右（作'左'，误）拾遗。"正是在这一年的五月十六日，杜甫再次踏上了官场，即作《述怀》之诗：

去年潼关破，妻子隔绝久。今夏草木长，脱身得西走。麻鞋见天子，衣袖露两肘，朝廷愍生还，亲故伤老丑。涕泪受拾遗，流离主恩厚。柴门虽得去，未忍即开口。寄书问三川，不知家在否？比闻同罹祸，杀戮到鸡狗。山中漏茅屋，谁复依户牖？摧颓苍松根，地冷骨未朽。几人全性命，尽室岂相偶？嵚岑猛虎场，郁结回我首。自寄一封书，今已十月后。反畏消息来，寸心亦何有！汉运初中兴，生平老耽酒。沉思欢会处，恐作穷独叟。

——《述怀》

去年潼关被破后与家人隔断，被抓获为俘虏囚禁在长安。如今幸而西归凤翔，仓皇之中得以面见圣颜，承蒙天子的垂怜，被授予左拾遗之职，正感恩不尽，心中虽然挂念着鄜州的妻子儿女，却不忍以探亲请假而辜负天子的一片厚望。犹记得皇帝在诰命中还夸奖他说："尔之才德，朕深知之。"这就无怪乎他要感激涕零，无怪乎他不忍，实际上是不好意思在这样的情况下向皇帝提出告假探亲的要求。

一面渴望着"家书抵万金"，一面又担心伴随着家书而来的坏消息让人心受大恸；他怕家书，同时也盼着家书，在这种矛盾情感的撕扯下，妻子儿女的生死存亡处于未知的猜测中，不知他们远在千里之外是何处境。兵乱祸害使得四处都弥漫着战火的硝烟，鸡犬不宁。山中漏雨的茅屋也无人修补，环堵萧然，不蔽风日。那些新死人的尸骨凌乱地埋在滥遭砍伐的苍松树根下，湿冷的地面成为这些战争莫名牺牲者的最后祭奠。

杜甫被封为左拾遗，这是杜甫第二次进入官场。左拾遗这个官职，是谏官，也就是言官。顾名思义，左拾遗的作用就是向皇帝谏言。唐朝对于谏官是十分尊重的，唐太宗时期的魏征就身兼着言官的职能。一生践行儒家思想的杜甫，对左拾遗这个职位十分满意，准备在这个职位上用尽自己的心血，发挥自己的才能，曾经的宝玉蒙尘，曾经在长安的十年漂泊，曾经在战火中的九死一生，让他格外珍惜现在的每一个机会。

杜甫写过一首诗《晚出左掖》，记录的便是他做左拾遗时的工作。“左掖”当时就是“门下省”。我们都知道唐朝实行的是三省六部制，中央有中书省、门下省、尚书省，杜甫作为左拾遗属于门下省，“晚出左掖”的意思其实就是说杜甫加班了，很晚才工作完。

这个晚是到多晚呢？据杜甫自己说是“避人焚谏草，骑马欲鸡栖”。天都黑了的时候，杜甫才刚刚工作完。不仅是晚回家，杜甫还经常在“办公室”里彻夜工作：“不寝听金钥，因风想玉珂。明朝有封事，数问夜如何。”（《春宿左省》）杜甫晚上睡不着，一遍一遍听外面的声音，听什么声音呢？听的是开大门的声音，听的是有没有马来了。为什么杜甫失眠了，为什么他要这么做呢？

原来每天早上，身为左拾遗的杜甫都要呈给唐肃宗一封奏折，这封奏折是一封谏疏。为了每天早上能够在第一时间内把自己的奏折交给唐肃宗，杜甫一整晚都睡不好，一遍遍地问值班的宫人，现在几更天了，是不是要上朝了，是不是开宫门了？

作为一个臣子，杜甫尽了他的本分；作为一个左拾遗，一个言官，杜甫做到了尽职尽责，他把自己全部的精力和时间放到了工作上面。无论是否为官，无论在位与否，杜甫都不曾舍弃肩负的责任。以天下大事为己任，处庙堂之高则忧其民，处江湖之远则忧其君，这是一个世子身上少见的品质。

但是杜甫没想到的是，做事越认真，就越容易犯错。跟李白一样，杜甫的想法是文人的想法而不是官吏的想法，他们不懂虚与委蛇，不懂揣摩皇帝的想法，不懂溜须拍马，而是执着地认同自己的观念，认同道理，认同儒家的正义和仁爱。

至德二年（公元 757 年）正月，群胡的铁骑已经蹂躏了大半个中原大地，自从称兵以来，安禄山双目渐昏，直至此时，已经双目失明，不再能看见东西了。伴随着病情的恶化，他刚愎自用的暴躁脾气也越发变得厉害，稍不顺心便对身边人非打即骂，自然得罪了不少人。殊不知，安禄山正在亲手为自己挖掘着坟墓，一步步将自己推向死亡的深渊。

正月初一，原定于新年朝会群臣之事因为安禄山的疽痛突犯而被迫取消。正是在这一天，在安庆绪、严庄、李猪儿的密谋下，安禄山默默地死于亲信们的手下。这让人不禁想起了以往的董卓之事，可谓是“燃脐郿坞败，握节汉臣回”（《郑驸马池台喜遇郑广文同饮》)。此时庞大的安禄山集团已是作困兽犹斗，摇摇欲坠；集团内的各派政治力量开始走向瓦解崩塌的黯淡之途。

借机继位的安庆绪本是性情昏庸之人，常常语无伦次，此番避开了安禄山的控制，乐得躲在严庄的背后终日里纵酒作乐，狂欢淫逸。安禄山死后，胡兵进军的步伐仍未停止，安庆绪派遣史思明镇守范阳，另一大将蔡希德仍然马不停蹄地继续攻守太原。

骄兵必败，此时的史思明坐拥强兵，掌控各种珍宝财物聚积的范阳之地，日益骄横，财富与物欲的沉迷让叛军显示出了颓唐败落之势。

刚刚上任的杜甫，遇到了自己官场中的第一道关。房琯被罢相了，由于他在战争中的失败，想要扳倒房琯的政敌们抓住了他的把柄，不断地上奏折攻击房琯，诬告他贪污受贿才导致战败。唐肃宗听信了臣子的言论，决定罢相房琯。

房琯原本性情高洁，在安史之乱前期曾经亲力亲为，竭力控制当时混乱不堪的国家局面，然而自己的忠于职守最终换来的是奸佞小人的诬蔑横阻，凋敝的社会现状让房琯后来失去了信心，他变得经常懈于公事，不思朝政，将精力转移到佛家思想之上，整日里与人高谈佛、老学说，或是听门客董庭兰弹琴，安于自己的小天地，不亦乐乎。

听到房琯被贬为太子少师的消息，杜甫自然为他感到不平，他敬重房琯的为人，也相信他在战争中付出的努力，他认为房琯无罪，便上书给唐肃宗，说明了情况。作为言官，这本是他的分内之事，但是刚刚成为左拾遗的杜甫还没有摸清楚门路，在奏折中，他依旧是一片赤子之心，整个奏折充满了如他诗作一般的直率，言辞十分激烈。唐肃宗看到杜甫的奏折，非常生气，召集三司下令查办杜甫。

杜甫没有想到是这种结果，刚刚上任的他如同被当头一棒，幸亏还有朋友在帮助杜甫，由于宰相张镐的说情和帮忙，杜甫终于保住了自己左拾遗的官位。可是从此之后，杜甫在唐肃宗的心里，留下了难以磨灭的糟糕的印象。

官场的恩恩怨怨，谁又能说得清，只有儒家的思想还不够，在官场所需要的还有技巧，还有权术，而杜甫恰恰不懂官场之道。与其说他是官场里的流浪者，不如封他为儒家思想教化下的忠贞士子，他摸不透官场的深浅，却想着忠君报国，只要一涉及国家大事，杜甫就忘了自己的前程，忘了自己的家庭，他是以满腔忠肝义胆，推心置腹地报效国家，可惜不是所有的君主都能够理解如同魏征那样的“镜子”般的臣子，更多的言官得到的是如同比干一样的下场。

杜甫终究是以一个文人的心态在做属于官吏的事情。对政治和官场的隔膜，对于官场规则的陌生，让杜甫跟李白一样，即便壮怀激烈，即便仰天长啸，依旧只能手足无措，屡受打击。当听到房琯战败的时候，杜甫的沉痛甚至是比唐肃宗还要深，从他的诗作里我们便可以看出这一点。

孟冬十郡良家子，血作陈陶泽中水。野旷天清无战声，四万义军同日死。群胡归来血洗箭，仍唱胡歌饮都市。都人回面向北啼，日夜更望官军至。

——《悲陈陶》

我军青坂在东门，天寒饮马太白窟。黄头奚儿日向西，数骑弯弓敢驰突。山雪河冰晚萧瑟，青是烽烟白是骨。焉得附书与我军，忍待明年莫仓卒！

——《悲青坂》

正是由于杜甫对于战争的关注、对于国家大事的关心，所以他才挺身而出，可是这却给他带来了灾难。历史总是以一种重复的姿态在不断地提醒人们，此时杜甫的境遇像极了汉朝的司马迁，他为李陵挺身而出，却没有想到仅仅是一次路见不平拔刀相助的侠义行为，就给自己带来了刑的处罚。也许就像断臂女神维纳斯一样，完美总是要在饱受挫折、历经沧桑之后才会显得越发珍贵。如果没有受到宫刑，司马迁怎么会写出浩瀚厚重的《史记》，如果没有杜甫的这次变故，我们如何能读到后来的《三吏》、《三别》。

成就杜甫的是他自身的才华，是时代的造就，同时也可以说还有他所经历的磨难，如果没有一次次的打击，这位伟大的诗人如何能从原本安逸的生活之中脱离，如果没有一次次的磨难，这位伟大的诗人如何能够有发自内心的极大震动。

闰八月初一，唐肃宗下旨，将杜甫贬谪至华州。依旧为布衣的杜甫离开了凤翔，左拾遗这个官职并不大，杜甫当然也没有马匹，长路漫漫，杜甫只好借了一匹马，踏上了回家的路。从凤翔到羌村，要走过700多里的山路，杜甫带着一个仆人，再次跋山涉水。

皇帝二载秋，闰八月初吉。杜子将北征，苍茫问家室。

东胡反未已，臣甫忧愤切。挥涕恋行在，道途殊恍惚。

一路走过的村庄，人烟稀少，野兽横行，再也不是曾经有过的盛唐，乌鸦在天空徘徊，时而能够见到路上横着的尸体，杜甫的体力尚可，仆人比他年轻，却跟不上他的步伐，赶路走得气喘嘘嘘。

“夜深经战场，寒月照白骨”，月光洒落的是一地的银光，照着森森的白骨，恐怖的场景，让跟随杜甫的仆人脊背发冷，杜甫却不再感到害怕，比起战场，他现在更害怕的是官场。

宰相房琯被罢官之后，是年闰八月二十三日，肃宗遣派大将郭子仪等人收攻长安城，郭子仪先行一步，屯兵在扶风（今陕西扶风）。九月庚子（二十五日），与郭子仪会合的各路大军重整旗鼓，蓄势待发，随后驻军一齐向长安城进发。经过紧张激烈的昼夜血战，斩首六万级，沟壑里填满死尸，但见哀号遍野，血流成河，叛军大溃，弃城而逃。至此，这场由无数的性命堆积起的不义战争，最终又在数以万计无辜者的丧亡中拉上了帷幕。

同年十一月，广王李俶、郭子仪来到东京，经历了失江山而又复得的唐朝皇帝别有一番感慨，忍不住对两位大将推心置腹：“吾之家国，由卿再造。”长安城里依然是风雨潇潇，却难以再见盛世之时车水马龙的繁华之景。物是人非事事休，欲语泪先流。刚刚遭受战争的重创，要重新恢复往日的辉煌，谈何容易。

十二月，玄宗和肃宗终于回到了京城，重新坐上了久违的太上皇和皇帝宝座。清理叛党，陷贼诸官以六等定罪；封爵功臣，加官晋爵各自有差。在战争中饱受摧残的惶惶人心终于伴随着硝烟的散去而逐渐平静下来。

至德二载，用杜甫的话来说是“祸转亡胡岁”，对于唐朝来说是不平凡的一年，是否极泰来的一年；而对于杜甫个人来说，亦是如此。就在这一年，他终于从沦陷的长安城里逃出来了。

第五章 生命沉浮悲寂寥

这一切就像是一场梦。“夜阑更秉烛，相对如梦寐”，这一句话道出了多少离别之人的辛酸。在漂泊的日子里，杜甫不止一次地幻想过，跟妻儿们重逢的场景，但真的回到家中的时候又感到有些像在做梦了。邻居们推挤着过来看杜甫，谁都没有想到杜甫真的能够从死人堆里爬出来，其实就连杜甫自己也没想到。

第一节

兵戈未息，少陵野叟别长安

从长安到羌村，一路上，杜甫回忆了自己过去的日子。想起了刚刚写下不久的关于春天的诗，没想到是一语成谶。春天，太短了。

经历过太多磨难的杜甫，对于春天有一种复杂的情绪，他爱春天的活力，却又害怕春天的活力，想到春天，他会想到曾经有过的《丽人行》，想到春天；他会想到曾经到过的《哀江边》，春天虽然很美，但是又能够停留多久呢？春天的短暂，让杜甫忧愁。

因为害怕春天的短暂，因为珍惜春天的时间，所以杜甫想要传话给春天，“传语风光共流转”。都说杜甫是现实主义的诗人，难道他就没有浪漫的一面吗？这句话就有浪漫主义的味道。杜甫多么希望能够让自己的时间和生命也有美丽的春天，可是身边的种种威胁，战争的烟火，时局的动荡，经历过的无数次的生死都在提醒杜甫，不是每一个春天自己都能经历的。

杜甫内心的敏感浪漫，并不比李白、王维少。但是现实的生活让他的浪漫和幻想都成了一种奢侈。所以读杜甫的诗集，我们可以发现，只要杜甫停下脚步来，只要生活稍稍稳定后，他的诗里就有那种浪漫的、富有想象力的、充满幻想的感情。

现在的杜甫虽然从外表看已经是一个老人，但是他的年龄其实并不老。直到晚年他在经受了更多挫折之后，曾写诗说："稠花乱蕊裹江滨，行步欹危实怕春"（《江畔独步寻花七绝句》）。他之所以怕看见春天，是因为他对春天有非常敏锐的感觉，对春天爱得那么强烈，他怕他自己没有足够的岁月和春天共同度过了。所以他说，你看那在花中飞舞的蝴蝶和湖中点水的蜻蜓，好像是知道我的悲哀，特意用它们美好的姿态来安慰我，但是我还可以和它们共处多久呢？

人对于外界景物的认识可以分成几个不同的层次：第一个是感知的层次；第二个是感动的层次，第三个是感发的层次。感发，就是有感而发，是让你感动之后内心有一种不吐不快的感觉。所谓诗的感发就是人心之动，是诗让你的心活了起来。这时你所感受的就不只是这首诗本身所写的那一点点内容，而是让你对生命有所珍惜，精神有所提升。

仅一句“穿花蛱蝶深深见，点水蜻蜓款款飞”，我们就能了解为什么杜甫的诗歌与众不同，同样是写春天的景色，晚唐的另一个诗人说“鱼跃练川抛玉尺，莺穿丝柳织金梭”，其意是一条白鱼从水面跳出来，就好像在白色的绸子上抛起一条白玉做的尺；一只黄莺在柳条间飞来飞去，就好像一条黄金的梭子在丝线之中穿梭编织。这是什么？这只是感知，只是一个摄像的镜头，没有人和心灵、精神、感情。这种景纵然写得再美，它是没有生命的。而杜甫的诗里是有生命的存在。

杜甫写自己对于春天的眷恋，其实也在表达一种情感，他爱着春天，他跟春天是有约定的。“暂时相赏莫相违”，杜甫总是那么执着，他做什么事情，都是执着认真的，就算是做一个小小的官，他都要负责任地去做。但是杜甫却没有想到，自己在岗位上如此尽职尽责，却换来了被贬的结果。

在写作这些关于春天的诗后不久，乾元元年的五六月间，杜甫被贬出了长安。

被贬的杜甫，要去华州任职，路过金光门，这个地方太让杜甫难忘了，就是从这里他冒着生命危险去投奔肃宗，从金光门到长安的时候，杜甫踌躇满志，从长安到金光门的时候，杜甫却垂头丧气。看着曾经跋涉过的地方，杜甫百感交集，写下了五律诗《至德二载，甫自京金光门出，间道归凤翔，乾元初从左拾遗移华州掾，与亲故别，因出此门，有悲往事》：

此道昔归顺，西郊胡正繁。
至今犹破胆，应有未招魂。
近侍归京邑，移官岂至尊。
无才日衰老，驻马望千门。

从至德二年（公元757年）五月，到乾元元年（公元758年）六月，杜甫身为侍臣的时间仅有一年多一点.

曾经九死一生地来到了肃宗身边，曾经跋涉千里为了一份理想，一份忠诚，最后换来的是冷眼相对，是贬谪，是轻视，是冷漠。兵戈未息，杜甫多想为国家、为人民做一些事，尽一份责任，但是他却不得不离开心心念念的长安了，少陵野叟别长安，不知何时还?

在《世说新语》里有这样一个故事：“晋明帝数岁，坐元帝膝上。有人从长安来，元帝问洛下消息，潸然流涕。明帝问何以致泣，具以东度意告之。因问明帝：‘汝意长安何如日远?’答曰：‘日远。不闻人从日边来，居然可知。’元帝异之。

明日，集群臣宴会，告以此意，更重问之。乃答曰：‘日近。’元帝失色，曰：‘尔何故异昨日之言邪?’答曰：‘举目见日，不见长安。’”

这一次离开长安，杜甫不敢想何日能够再回来。曾经日夜兼程跋山涉水，只为回到长安，这一路的艰辛却只换来了离开时的无奈和不舍。离开的时候他千里万里 一路看，怕以后再不能再见。十年春夏秋冬的记忆一一浮在眼前。杜甫终究转身离去，曲江的水声渐渐远离了河岸，回头再看，长安已经在千万里外。举头望月，却不见长安。

第二节
避难羌村，世乱飘荡何时了

经过多日的长途跋涉，杜甫终于平安抵达了羌村，与分离许久、朝思暮念的家人团圆了。《羌村三首》正是他刚刚到家几日里与妻子儿女久别重逢后心情愉悦的艺术写照。

峥嵘赤云西，日脚下平地。柴门鸟雀噪，归客千里至。妻孥怪我在，惊定还拭泪。世乱遭飘荡，生还偶然遂。邻人满墙头，感叹亦歔欷。夜阑更秉烛，相对如梦寐。

——《羌村三首》（其一）

西边红云高耸，从云层中流泻出的阳光如同巨人的长脚一般伸到平地上。在这清爽明朗的秋日黄昏图中，款款而至的是一位突然归家的游子形象。柴门前的鸟雀啾啾作响，聒噪不已，可是在归客的眼中这鸟鸣似乎是对他的热烈欢迎。

从曾经的“何时倚虚晃，双照泪痕干”，到现在的“妻孥怪我在，惊定还拭泪”，经过了战争的烽火和官场的浮沉，杜甫终于回到了家中，辛苦操持的妻子看到杜甫惊呆了，她以为杜甫已经不在人世了，这种突然降临的喜悦，让妻子喜极而泣。好久没见到的儿女们看到有些陌生的父亲，待在一旁，竟有些愣了。

这一切就像是一场梦一样啊！“夜阑更秉烛，相对如梦寐”，这一句话道出了多少离别之人的辛酸，在漂泊的日子里，杜甫不止一次地幻想着，跟妻儿重逢的场景，但真的回到家中的时候倒有些像做梦了。邻居们推挤着过来看杜甫，谁都没有想到杜甫真的能够从死人堆里爬出来。

好在终于回家了。从凤翔长途跋涉回到羌村，杜甫终于有时间去享受一下难得的家庭温暖，在家中的三个月，是杜甫十几年来最为平静和安定的日子。历经的越多，就越珍惜身边来之不易的幸福。现实的残酷，让杜甫产生“茕茕白兔，东奔西顾，衣不如新，人不如故”的感想，陪着自己东奔西跑的妻子没有享受过一天的好日子，在长安的十年，他们受尽了白眼，到最后自己却只换来一个小小的官职。想想家庭，杜甫感到了羞愧，对于妻子，对于家庭，对于儿女，杜甫感觉真的亏欠了太多。

夜半秉烛时，杜甫的心里有千言万语要对妻子讲，但是话到嘴边又不知道该从何说起了，比杜甫晚好几十年的李商隐曾经写过一句诗，可以生动地描绘出杜甫当时的心情："相见时难别亦难，东风无力百花残"，杜甫为自己能够跟乱世中的家人再次重逢而欣喜，同时又害怕再一次的分别。

在杜甫的脑海里，虽然还没有分别，但是他已经隐隐地知道，自己跟家人的团聚是短暂的。

此时的杜甫似乎已经老迈显露出了一种要安度晚年的样子，是什么加速了杜甫的老迈，是战争的硝烟催白了杜甫的头发吗？是官场的规则摧残了杜甫的心灵吗？还是路上的长途跋涉、饥不果腹损害了他的身体？跟儿女们在一起的杜甫，终于可以暂时放下那些纠结于心的事情，享受暮年的时光，感受夕阳西下的美景。

晚岁迫偷生，还家少欢趣，娇儿不离膝，畏我复却去。忆昔好追凉，故绕池边树。萧萧北风劲，抚事煎百虑。赖知禾黍收，已觉糟床注。如今足斟酌，且用慰迟暮。

——《羌村三首》（其二）

儿子趴在自己的膝盖上，不愿意起来，为什么呢？不是这个小孩子要跟自己的父亲玩耍，而是他舍不得自己的父亲再离开，他已经太久没有见到父亲了，太久没有享受父亲陪伴的日子了。

这时候的杜甫内心一定是辛酸的，他看着自己的孩子，想到自己这么多年都没有陪伴在他身边，内心五味杂陈。

相聚的初乐过去之后，种种烦恼袭上心头，了无生趣，诗人又不得不借酒消愁了。杜甫回忆起流浪以来的种种经历，不禁思绪万千。哀鸿遍野，兵戈未息，世事艰难，更让他忧心忡忡的是国势衰微，朝廷多变，前因上疏为宰相房琯说情被贬，廷诤忤旨；后又墨制放还，事犹未了。根植于杜甫灵魂深处的忧国忧民之思日益浓厚，渐渐冲淡了与亲人相聚的欢乐。

“晚岁迫偷生”，当时从他人的眼中看来，杜甫是一个彻头彻尾的失败者，他所写的那些诗词，并没有多少人关注，也没有几个人懂得他的理想，在人们的眼里，他只是一个从长安灰溜溜地回来的老人。杜甫自己可能也是这样认为的，所以说自己是在“偷生”，他内心真是“抚事煎百虑”，忧愁的杜甫，假设没有家庭的安慰，恐怕真的会支撑不住。

但不管怎样，在羌村闲暇的乡村生活，给杜甫带来一段悠闲的时光，这使他得以写出《三吏》《三别》，如果没有这段时光，也许杜甫并不能很快地从官场的失意中走出来。

家庭是杜甫能够停泊的最后一道港湾，是他能够依靠的最后一道屏障。跟妻儿几个月的相处，让杜甫的心安定了下来，他静下心来，回忆了自己过去几年所经历的事情，调整了自己的情绪。《羌村三首》无疑是杜甫心态的直接反映。

群鸡正乱叫，客至鸡斗争。驱鸡上树木，始闻叩柴荆。父老四五人，问我久远行。手中各有携，倾榼浊复清。苦辞酒味薄，黍地无人耕。兵革既未息，儿童尽东征。请为

父老歌，艰难愧深情。歌罢仰天叹，四座泪纵横。

——《羌村三首》（其三）

杜甫回到羌村之后，村中的长者各自带些酒食，相约前去看望。从长者们的口中得知，兵戈未息，村中体力尚健的青年人都被派去东征打仗了，家里的土地无人耕种，粮食收成不多，虽然凑合着酿一些酒，味道也很淡。村中人的一番盛情挚意怎能不让人感动落泪呢？

这首《羌村三首之三》描述了友人前来看望杜甫的场景，这种友情在乱世中格外让人感动，这份纯朴的感情格外让人珍惜。“父老四五人，问我久远行。手中各有携，倾榼浊复清。”在这一刻，杜甫感受到了一份难得的深情厚意，这份关心让杜甫觉得格外温暖。杜甫有一双善于发现美的细节的眼睛，而这也正是杜甫一生为平民百姓写了无数首好诗的原因，因为在杜甫的身边，他的朋友不仅有文人，也有普通人，他们都在时时刻刻地感动着他，为他提供着灵感的源泉。

“请为父老歌，艰难愧深情。歌罢仰天叹，四座泪纵横。”这四句诗是杜甫脱口而出的，但却多么自然地道出了杜甫一生的感慨。他为父老歌，为百姓歌，艰难地生活着，总觉得愧对这些百姓的一片深情。当他歌唱的时候，总有人在聆听，无论当时还是现在，总有那些被他的歌唱所打动的人，他们因为杜甫的诗歌而哭泣。

这哭泣，是为了诗人的拳拳忠心，是为了时代的动荡不安，是为了自己生计的朝不保夕，这哭泣里面包含的东西太多，杜甫也只能仰天长叹老泪纵横，我们读杜甫的诗歌，被他的诗歌所打动，但其实这也只是他思想的一部分。

那种穷途末路无处可投奔的痛苦，那种生死由命无所依靠的茫然，我们只能从杜甫的诗歌里面去领略，却无法亲身经历和感受。

在羌村的几个月，是杜甫生命的一小段历程，但却是他一生中不多的安定的时间。比起李白，杜甫更渴望安定，更渴望宁静的生活，但是事与愿违，生长在动乱的年代就注定了要过漂泊的生活。即便漂泊在外，杜甫也有着自己的支撑，他有着“清辉玉臂”的妻子，有活泼可爱事事“学母”的女儿，有“敲针作钓钩”的小儿，有在各地“皆分散”的弟弟和舅舅们。杜甫最怕的便是离别，因为他担心一别便是一生，一别便是一辈子。

“昔别君未婚，儿女忽成行”，杜甫在羌村的时候是安宁的，在成都定居的时候是愉悦的。他珍惜自己在“羌村”、在“茅庐”、在“草堂”跟家人度过的日子，就像是在烽火年代他珍惜的家书一样。

第三节

烽火春望，一纸家书伤国事

乾元元年（公元 758 年）六月，杜甫结束了在羌村跟妻儿们的团聚，来到了华州（现在的陕西华县）担任司功参军。司马参军是管什么的呢？司马参军主管的是祭祀、礼乐、学校、选举、医筮、考课等事。看似很重要，其实只是一个微不足道的官职。但杜甫还是在这个职位上尽职尽责了。

从皇帝身边的言官到一个微不足道的文职，不管是多么有气度和度量的人，也会有自己的不满。杜甫也不例外，尽管被我们称为“诗圣”。炎热的天气、恶劣的环境让他不堪忍受，于是把他的抱怨写在了诗里。

七月六日苦炎蒸，对食暂餐还不能。每愁夜中自足蝎，况乃秋后转多蝇。束带发狂欲大叫，簿书何急来相仍。南望青松架短壑，安得赤脚踏层冰。

——《早秋苦热堆案相仍》

想想也可以理解，作为官场人员，杜甫必然要穿戴整齐，炎热的夏天一边工作，一边还要受蚊虫的骚扰，办公室的桌子上爬满了蝎子，无数的苍蝇和蚊子在房间里飞着，叮咬着人，这简直就是受刑。更何况还有源源不断批改不完的公文，面对这一切，再加上被贬谪的怒气，也无怪诗人要发发牢骚了。

杜甫的抱怨具有诗人的可爱，文雅而又充满着幻想。这么热的天气，杜甫实在没有办法了，只好幻想一些能让自己凉爽的东西，这是什么呢？那就是“南望青松架短壑,安得赤脚踏层冰”。这话让人忍不住发笑。

在工作颇有成绩的同时，杜甫也没有停止对于时事的关注，到华州后不久，他就写下了这首诗：

花门天骄子，饱肉气勇决。高秋马肥健，挟矢射汉月。自古以为患，诗人厌薄伐。修德使其来，羁縻固不绝。胡为倾国至？出入暗金阙。中原有驱除，隐忍用此物。公主歌黄鹄，君王指白日。连云屯左辅，百里见积雪。长戟鸟休飞，哀笳曙幽咽。田家最恐惧，麦倒桑枝折。沙苑临清渭，泉香草丰洁。渡河不用船，千骑常撇烈。胡尘逾太行，杂种抵京室。花门既须留，原野转萧瑟。

——《留花门》

这首诗反映的是安史之乱后，唐肃宗慌张借兵于回纥，造成了异族对于中原的侵略。杜甫的诗歌从他在贬谪后又归于了反映土地上的现实。

对于身为官吏的杜甫来说，这次贬谪是他政治生命的结束，但是对于作为诗人的杜甫来说，这次贬谪是他诗歌境界提升的一个重要转折点，如果没有离开长安，恐怕杜甫不会写出《三吏》《三别》；如果留在长安继续消磨自己的意志，杜甫不会重新回到现实中去，不会重新领悟到人民的苦难。

对于杜甫来说，只有脚踩着大地，只有目睹了现实，他才能够成为一个伟大的诗人，一个受后人尊重的诗人。

而战争远远没有结束。

有了战争，春天的风也变得肃杀，像是要把一切绿色吞噬，把一切生机摧毁，风里带着丝丝凉气，让人背脊发凉。

洛阳收复之后，杜甫的妻子带着儿女们回到了洛阳的老家，住在首阳山下的窑洞里。

史思明第二次攻入了洛阳城。又一次的战乱，让杜甫跟自己的妻儿们再一次失散。相州（河南安阳）大会战之后，60万唐军挡不住史思明的军队，胡兵的铁骑再一次血染中原大地。

胡兵每到一处，便打家劫舍，一片混乱。而唐肃宗为了增加军队的兵员，又不断地在征兵，最悲惨的还是人民。

看到这样的景象，刚刚在羌村跟妻儿们共度温馨时光的杜甫内心又开始担忧。这样的场景正如杜甫曾经写下的那首《春望》：“国破山河在，城春草木深。感时花溅泪，恨别鸟惊心。 烽火连三月，家书抵万金。白头搔更短，浑欲不胜簪。”

在战火纷飞的年代里，最盼望的便是那一纸家书，最渴望听到的便是平安的消息。尽管经历了很多很多，但杜甫始终有着精神支柱。在被贬谪之时，杜甫虽然悲痛无奈，但是他依旧相信这一切都会改变。在战乱打响，一切都染上鲜血的时候，杜甫仍旧期盼着“家书”，在他的眼里“家书抵万金”。

他牵挂着家人，想念趴在自己膝盖上，不让自己离去的儿子，想念不断啼哭的女儿。每当夜深人静的时候，杜甫就会望着一轮明月，想起在远方，不知道在什么地方的妻子和儿女们。他多么想要团圆，可是团圆又是多么难啊！“聚少离多”是杜甫跟妻子儿女们一生的常态。

每当听到杜鹃的啼叫，听到那“不如归去，不如归去”的叫声，杜甫就格外地想家，每当听到那声“行不得也哥哥”鹧鸪叫，杜甫就会格外地怀念自己在羌村的日子。

在羌村，没有满地的血流成河，在羌村，没有炮火和烽烟。他想念春日的鸟语花香，黄鹂清脆的叫声。想到这里，杜甫便泪如雨下。

杜甫的哭泣，又不仅仅是为了思念家人。作为一个儒家学说的弘扬者，杜甫内心牵挂的是国家大事，是朝廷的安危。作为一个敏感的诗人，他的眼睛没有办法忽略那些苦难的人们，那些悲惨的事情。他在为他们歌唱，为他们啼血。

冯志先生曾经说：“杜甫半生流离，却从来没有停止歌唱。”就像是啼血的杜鹃，就像是肝肠寸断哀鸣的猿猴，杜甫就像一只为国家歌唱的小鸟，他所站立的枝头已经摇摇欲坠，岌岌可危，但是他却看着枝头下苦难的人民，为他们歌唱，为他们哀鸣。

第四节

沉郁顿挫，三吏三别悲生事

乾元三年（公元 759 年），邺城（今河南安阳）之战爆发，唐军大败。此时的杜甫正在从洛阳返回华州的途中，一路上目睹了战争对人民的伤害，创作了被后人誉为“诗史”的“三吏”（《新安吏》《石壕吏》《潼关吏》）和“三别”（《新婚别》《垂老别》《无家别》）。杜甫创作“三吏”、“三别”的原因，可以用他自己的一句话来解释：“满目悲生事，因人作远游。”

“三吏”是用地名来作标题的。按照杜甫的行进路线，他依次写下了《新安吏》《石壕吏》《潼关吏》。

《新安吏》写的是年轻的小伙被拉去当兵的事情。杜甫从洛阳出发走了 70 里，在傍晚抵达了新安县（现在的河南新安）。

杜甫看到有官吏在征兵，而且里面有很多少年，感到非常吃惊，便上前盘问，这才知道原因，原来连年的征战，已经把壮丁征尽了，战场上已经快没有兵了，所以只能让少年也去当兵。看到这些还未长成的少年即将奔赴战场，杜甫提笔写下了《新安吏》：

肥男有母送，瘦男独伶俜。
白水暮东流，青山犹哭声！
莫自使眼枯，收汝泪纵横。
眼枯即见骨，天地终无情。

送别孩子的母亲心里明白，这一别极有可能是永别，但无可奈何，只好含着眼泪将他们送走，在苍茫的暮色之间，青山也因为这生死的离别而痛苦了。“莫自使眼枯,收汝泪纵横。眼枯即见骨, 天地终无情。”这一句则是杜甫对于统治阶级的批评，矛头直指唐肃宗。“天地无情”直指统治者。

尽管杜甫很愤怒，但是面对着这些即将赴战场的男孩和他们流泪的母亲，他也只能说一些宽慰的话。

就粮近故垒，练卒依旧京。

掘壕不到水，牧马役亦轻。

况乃王师顺，抚养甚分明。

送行勿泣血，仆射如父兄。

说出这样善意的谎言，杜甫的心里也是五味杂陈，他不得不用这些话去安慰这些苦命的孩子，虽然杜甫的心里很清楚，他们即将面对的生活充满危险，但是他能做的也只有让他们在短时间内存有幻想罢了。

从新安县出发往西行，杜甫晚上来到一个叫作石壕村的地方。在这里他又碰到征兵，就把所见所闻如实地记录下来，这便是《石壕吏》。

“存者且偷生，死者长已矣。室中更无人，惟有乳下孙。”《石壕吏》的真实场景让普通人的痛苦更加触动人心，家里的男丁都被抓走了，只剩下两个老人，官吏想把老翁也抓走，无奈老妇只好让老翁跳墙躲起来，她自己面对官兵。“吏呼一何怒，妇啼一何苦”，两句话里面隐藏着多少心酸，多少无奈，多少悲痛。

杜甫写《三吏》《三别》是格外地客观，他如同一个旁观者一样，把目睹的事情如实地记录下来，只抒发一点点自己的感受，而因为这细微之处，却让人感受到巨大的痛苦。《石壕吏》最后一句，“天明登前途，独与老翁别”，是多么的真实，又多么无奈。昨天还是两个老人相依为命，今天就只剩下了老翁，而明天不知道老翁是否还会在？

从石壕村出发，杜甫继续赶路，他向西出发，来到了潼关(现陕西潼关县)，看到许多士卒正在筑城，这个场景让杜甫不禁想起了三年之前。当时在潼关，唐军经历了一次大失败，原本哥舒翰想要凭借潼关的险要抵挡胡军，但是奸臣杨国忠向唐玄宗进言，要求哥舒翰出城迎战，最后哥舒翰大败。

“三吏”之后还有“三别”，写“三吏”的时候，杜甫主要是通过客观的描述，而“三别”则有着更多主观的情感，更加动人。

《新婚别》是写一对“暮婚晨告别”的新婚夫妻，结婚后的第二天，丈夫便被征兵去打仗了，整个《新婚别》都是从妻子的角度来写，这让人想起“可怜无定河边骨，犹是春闺梦里人”的著名诗句，《新婚别》就像是这句诗的注释。在诗歌的开头，妻子哀叹自己的命运：“兔丝附蓬麻，引蔓故不长。嫁女与征夫,不如弃路旁”，语气有点愤怒。古时候的礼节是女子过门三日之后，才算是真正跟男子结为夫妻，但是因为丈夫第二天就打仗去了，妻子连婆婆都没有办法去拜见。

整个《新婚别》的语气是沉痛的，但是最后妻子还是因为打仗是国家大事而鼓励丈夫："勿为新婚念，努力事戎行"，继而脱下嫁衣，洗去脂粉，表明自己一定会等着丈夫回来的决心。

《无家别》写的是老翁被迫服兵役然后回家之后的故事。这首诗里描写了一个从邺城回到家乡的老兵。当他回到家里的时候，看到的是满目的荆棘，原本的村子已经不存在了，一百多户人家基本都死光了，只剩下了几个寡妇守在这里。

尽管已经没有家了，但是老兵还是决定在这里住下来，但是这个简单的愿望也落空了，官吏重新把他拉去入伍，他又一次要离家。但是这一次离家的时候，老兵发现自己已经没有家可以告别了，不禁仰天长叹，发出了一声唏嘘："人生无家别，何以为蒸黎。"

《垂老别》也写了一个老翁，他是有家的，但是几乎所有的子孙都已经阵亡了，也就是说他的家族已经绝后了。暮年的老人感到非常绝望，失去了活下去的信心，所以他也想去战场上，跟他的子孙们一同死去。他的老伴送别他，明明知道他不会再回来了，却还是不断地跟老翁说，让他多吃饭，注意身体。而老翁看到老伴这样，内心也很酸楚，想到妻子为自己辛苦了一生，可自己到暮年了还要去从军，不能跟她相守在一起，也感到很痛苦，两人垂泪而别。

"三吏"、"三别"所描绘的场景虽然经过了杜甫的艺术加工，但是里面的事件大部分都是真实的，据《旧唐书》记载，当时的情况是："函陕凋残，东都尤甚，过宜阳，熊耳山至武牢，成皋，五百里中,编户千余而已。居无尺椽，人无烟爨，萧条凄惨，兽游鬼哭。"这跟"三吏"、"三别"里记录的情景是一致的，杜甫在诗中所提到的地名，也都是历史上真实存在的。因此无论是从情感价值角度还是史料价值角度，"三吏"、"三别"被称为"诗史"是当之无愧的。

第六章　一片冰心辗西南

在仕途波折和政治风浪中盘桓良久，杜甫见惯了上层统治集团政治权力的纷争，也亲眼看见了下层百姓流离失所、饥不择食、寒不择衣的惨状。在这个过程中，杜甫的辞官之念正在悄然滋长，并随着岁月的流逝愈发强烈。

第一节

辗转入蜀，杜甫草堂亮高节

在仕途波折和政治风浪中盘桓良久，杜甫见惯了上层统治集团政治权力的纷争，也亲眼看见了下层百姓流离失所、饥不择食、寒不择衣的惨状。在这个过程中，杜甫的辞官之念正在悄然滋长，并随着岁月的流逝而愈发强烈。

乾元二年（公元 759 年），关中地区大旱，粮价借机飞涨，靠着杜甫在华州的微薄俸禄，一家人艰难度日。再加上对时政的不满，杜甫决定辞去华州司功参军的职位。然后杜甫决定带着全家人迁移到西南边的秦州（现在的甘肃天水），投奔他的弟弟。

离开了满目疮痍的关中地区，从此永远离开了政治纷争的漩涡，杜甫的人生翻开了崭新的一页，从此走上了“万里饥驱”的漂泊征程。

等到杜甫带着全家人到了长安以西800里外的秦州后，却发现弟弟早已不知去向。远处西南边界的秦州，位于六盘山上，地势险峻，未开风化，这里有许多少数民族，民风也有些彪悍。况且这里不但是侄儿杜佐的被贬之地，连杜甫在长安结识的朋友赞公和尚也被放逐在那里，因此，对于秦州，杜甫有着一股莫名的亲近感。

在来到秦州之前，杜甫曾经幻想那里像一个世外桃源，他能够像陶渊明一样“采菊东篱下，悠然见南山”，但实际上秦州跟杜甫所想象的差别甚远。

在秦州的三个多月，杜甫一家人差点饿死，无奈，杜甫决定再次带着全家人迁移到距离秦州二百里外的同谷（现在的甘肃成县），听说那里比较富裕，至少能够填饱肚子，但等他们到了同谷，才发现跟秦州没有什么差别。

其实杜甫一家人想要的很简单，不过是有一个地方能够让一家人吃饱、能够好好地活下去，但颇大的中原大地，却没有他们的容身之处。

虽然走投无路，但还是要活下去，杜甫只好带着一家人捡取橡子充饥。

已经是冬天了，寒风阵阵，每天晚上，杜甫一家人都冻得瑟瑟发抖，能够吃饱穿暖，成了他们最大的奢望。为了活下去，杜甫跟妻子儿女们，上山上去挖一种叫作黄独的野生芋头来果腹。

杜甫在自己所写的《同谷七歌》里详细描述了他们挖黄独的经历："长镵长镵白木柄，我生托子以为命。黄独无苗山雪盛，短衣数挽不掩胫。此时与子空归来，男呻女吟四壁静。"雪满山脉，每吹来一阵风，都像是夹带着刀刃一样，刮在人的脸上，生疼生疼。

零下十几度，穿着短衣，被寒风吹着，带着已经弱冠的大儿子在山上挖黄独，这就是杜甫的生活，有时候还挖不到黄独，一家人就只能饿肚子。每次空手而归，听到儿女们因为饥饿而呻吟，杜甫的心里如同刀绞。

这样的生活持续了一个多月，眼看一家人实在是挨不住了。"无食问乐土，无衣思南州。"秦州的生活十分落寞，杜甫深切地怀念着他的亲人和往日里的朋友，心中挂念着生死未卜的兄弟："露从今夜白，月是故乡明。"（《月夜忆舍弟》）又怀念着被贬黜在海畔孤城的老朋友郑虔，认为他像曾经的魏晋名士阮籍、嵇康一样才高疏放，因而遭到奸臣嫉恨；思念着被贬的才学之士——岑参和高适，称赞他们的诗歌堪比南朝的沈约和鲍照：

高岑殊缓步，沈鲍得同行。意惬关飞动，篇终接混忙。

——《寄彭州高三十五使君适、虢州岑二十七史参三十韵》

面对着物质和精神上的双重困乏，杜甫决定再一次出发，带着家人穿越蜀道，踏上了前往成都之路。

一家人终于来到了成都，这一路辗转了太多，从华州到秦州，从秦州到同谷，从同谷到成都，如果把杜甫所走的路加在一起，恐怕会得出一个惊人的数字。

这一路，也是杜甫写诗最多的时候之一，仅仅是在秦州的 3 个多月，杜甫就写了 80 多首诗。写诗已经成了他生活的一部分，成了他生活的记录。

腊月的晚上，带着一家人，杜甫终于跋涉到了天府之国——成都。这一次，不似秦州和同谷，成都没有让杜甫失望。

杜甫写的《成都府》，可以很好地反映在杜甫的眼中成都是什么样子："翳翳桑榆日，照我征衣裳。我行山川异，忽在天一方。"比起秦州和同谷，来到成都，杜甫觉得就像来到了天堂。

地处西南的成都距离长安十分遥远，正因为如此，"安史之乱”的战火没有在成都留下很多痕迹，这里的人民安居乐业，倒真的有些像是陶渊明《桃花源记》里的武陵人，“不知魏晋”，有的成都人甚至不知道“安史之乱”。

这是杜甫梦寐以求的地方。远处的房屋炊烟袅袅，近处的小溪潺潺流淌，鸟鸣清脆，花香醉人，这里的人民也非常朴实，他们日出而作，日落而息，有着“种豆南山下，带月荷锄归”的清闲自在。

杜甫决定在成都定居，但这时他可谓是一贫如洗，除了满肚子的学问和面黄肌瘦的妻子儿女，杜甫一无所有。

好在杜甫还有朋友，刚到成都的杜甫只能住在寺庙里。在成都生活的朋友尹裴冕在杜甫最艰难的时刻帮助了他，给他提供些米粮，让他们能够吃饱，寺庙旁边的邻居们，看到从华州来的一家人如此窘迫，也力所能及地给予了杜甫帮助。

日子从一开始就是平淡无奇的，杜甫在寺庙里听佛法，读书写诗，这种生活他盼望已久，唯一的缺陷就是他们没有一个属于自己的家。

于是在严武和其他朋友的帮助下，在城西七里外的浣花溪边，杜甫建了一个草堂，这也就是后人所称的“浣花草堂”，或是“杜甫草堂”。

从杜甫的诗歌里，我们可以管窥“浣花草堂”的美景，这里是“锦江春色来天地”，是“细雨鱼儿出，微风燕子斜”，是“无赖春色到江亭”。

本就具有诗人气质的杜甫在“浣花草堂”里生活得十分舒适自在，自然的美景总能打动他的心灵，对于周边事物的感知也让杜甫的心情更加舒适。可以这么说，杜甫的一生走到成都才算是真正走进避风的港湾。

因为到了成都，住进了“浣花草堂”，杜甫才真正地不用为生计而担心，他可以静下心来享受自己的晚年生活，这也许是上天对杜甫前半生“风雨漂泊”的补偿。

对于上天的馈赠，杜甫欣然接受，并自得其乐。

其一

江上被花恼不彻，无处告诉只颠狂。走觅南邻爱酒伴，经旬出饮独空床。

其二

稠花乱蕊裹江滨，行步攲危实怕春。诗酒尚堪驱使在，未须料理白头人。

其三

江深竹静两三家，多事红花映白花。报答春光知有处，应须美酒送天涯。

其四

东望少城花满烟，百花高楼更可怜。谁能载酒开金盏，唤取佳人舞绣筵？

其五

黄师塔前江水东，春光懒困倚微风。桃花一簇开无主，可爱深红爱浅红？

其六

黄四娘家花满蹊，千朵万朵压枝低。留连戏蝶时时舞，自在娇莺恰恰啼。

其七

不是爱花即欲死，只恐花尽老相催。繁枝容易纷纷落，嫩蕊商量细细开。

——《江畔独步寻花七绝句》

杜甫的这组《江畔独步寻花七绝句》，便是他在“浣花草堂”的生活怡然自得的证明。杜甫喜欢看见什么写什么，在他的眼里，所有的自然美景都是有灵性的，无论是花朵、蝴蝶还是黄莺、微风，这些身边的事物都有着自己的灵魂。后人曾评价这组诗是“兴致所到，率然而成”。杜甫就是如此，他喜欢率性地写作，喜欢无忧的生活，但生活非要给他压上如此多的重担，上天偏偏要降大任予他，他只得接着，只能把这重担当成是对于自己的一种历练。

可杜甫仍然爱陶渊明那样的闲适生活，如今他终于来到了属于自己的桃花源，终于等到了“悠然见南山”。

第二节

寄人篱下，厚禄故人书断绝

杜甫在成都生活得无忧无虑，主要是靠朋友，当时西南地区的高官成都府尹兼剑南节度使严武非常崇拜杜甫，经常到草堂来拜访。一个是正当壮年，风华正茂的高官，一个是饱经沧桑归于平淡的诗人，两人相对而饮，一杯复一杯。

就这样，严武跟杜甫结成了忘年之交，严武喜欢写诗，常常把自己写的诗拿给杜甫看，杜甫欣赏严武的诗，两人不时讨论一些诗艺，相谈甚欢，严武尊杜甫为老师。

这是杜甫最舒心的一段日子。妻子儿女都在身边，无温饱的忧虑，不用为柴米油盐担心，这一切，多亏了杜甫的朋友，多亏了严武。

杜甫的一首《江村》，形象生动地描绘了他在“浣花草堂”的时光：

清江一曲抱村流，长夏江村事事幽。
自去自来梁上燕，相亲相近水中鸥。
老妻画纸为棋局，稚子敲针作钓钩。
但有故人供禄米，微躯此外更何求。

农历六月的长夏，正是最热的季节，但从杜甫的诗里我们却没有感觉到酷暑的烦躁，此时杜甫的心境已经平和了，不再像在华州时那样“南望青松架短壑，安得赤脚踏层冰”。同样是酷暑的时节，当年在华州时杜甫的烦躁和疲惫，仿佛还在昨日，一转眼便成了“事事幽”。

老妻画纸做棋，稚子敲针作钩，这一切是多么的有趣，又是多么的平和。但各种幽静全靠朋友的资助，因此他写道：“但有故人供禄米,微躯此外更何求”。

不约而同的是，杜甫的境遇很像是东方的凡·高，作为天才的艺术家，凡·高也是依靠他的亲戚来生活。凡·高对身边大自然的美景也有着异乎寻常的感知力，他们二人都经历了生活的磨难，也同样都接触过下层的劳动人民。

但从某种意义上来讲，其实杜甫此时过的生活可以说是“寄人篱下”，“故人供禄米”长久下去怎么行呢？

果然，由于生活的多变，杜甫有一次陷入了物质上的困境。

万里桥西一草堂，百花潭水即沧浪。
风含翠篠娟娟净，雨裛红蕖冉冉香。
厚禄故人书断绝，恒饥稚子色凄凉。
欲填沟壑唯疏放，自笑狂夫老更狂。

——《狂夫》

“浣花草堂”建成后不久，杜甫就被严武举荐为检校工部员外郎，全家搬去了四川的奉节县。因为这个官职，杜甫后来才有了“杜工部”的称呼，但是成为杜工部没多久，也许是因为严武的职位调动，也许是因为不能重新适应官场生活，杜甫又重新回到了“浣花草堂”，似乎只有这里才能够抚慰他的内心，让他得到彻底的放松。

在回到“浣花草堂”之前的日子里，杜甫的生活更多时候是处于困难之中。这首《狂夫》就体现了当时生活的苦难。“厚禄故人书断绝，恒饥稚子色凄凉”。在“浣花草堂”建成不久后，杜甫的许多朋友都有些自顾不暇了，本就是乱世，生活的困难是常态，朋友的接济渐渐少了。

杜甫的好友成都尹裴冕因为职位调动要回京城，他不能再接济杜甫了，便让李若幽帮忙照顾杜甫。此时，对杜甫经济上帮助最大的是好友高适和严武。

曾经一起放声高歌、纵情山川的好朋高适，在彭州 (现在的四川省彭县) 担任刺史；而忘年之交严武，则是巴州 (现在的四川省巴中) 刺史。

如果高适和严武出现了一些困难，杜甫的生活也就没有了保障，这种“仰人鼻息”的境遇，绝对不是杜甫所喜欢的，虽然官职低微，生活贫困，但是杜甫的一生，永远有着自己的傲骨，他不愿意奴颜婢膝，更不愿意委曲求全。

他自称“欲填沟壑唯疏放，自笑狂夫老更狂”。后世的吕留良在向杜甫表达相似的感情时用的句子是“醒即行吟埋亦可，无惭尺布裹头归”，同样是对于死亡的不在乎，同样是穷途末路的呼喊，杜甫的骨子里却有着一份傲气，这股傲气，不因为他拥有多少钱财、地位高低而改变，这份傲气来源于杜甫对于自己的自信，在那个时代，有人看不起杜甫，有人轻视杜甫，但是他自己却从来没有轻视过自己。

他跟李白一样，相信“天生我材必有用，千金散尽还复来”。如果说李白是用诗歌记录了盛唐的现在式，杜甫则是用行动记录了盛唐的完成式。李白用诗歌说明盛唐的繁华气象，杜甫则是用行动来说明盛唐的气象真的到了穷途末路。

杜甫在饥饿的旅途中仍不忘天下大事。他有自己的傲骨，却也有万般的无可奈何与忧愁。

庭前八月梨枣熟，一日上树能千回。
即今倏忽已五十，坐卧只多少行立。
强将笑语供主人，悲见生涯百忧集。
入门依旧四壁空，老妻睹我颜色同。
痴儿不知父子礼，叫怒索饭啼门东。

——《百忧集行》

毕竟是老了，虽然说自己是狂夫，但杜甫还是会感慨自己的身体大不如前。这首《百忧集行》写于上元二年（公元 761 年)。此时的杜甫正住在“浣花草堂”，生活艰难，“痴儿不知父子礼，叫怒索饭啼东门。”儿子饿极了，冲着自己的父亲大呼小叫，杜甫非常生气，但也无奈，这就是他生活的现状。

现代诗人西川写过一首诗，诗名就叫作《杜甫》，作为一个现代人，通过读诗，我们逐渐在贴近杜甫的灵魂。

纵然有千万间广厦，也无法给天下人建造一份幸福，流浪中的妇女和男人，无情地说出了现实的心声：所有的心愿不过是杜甫心中永远的梦想。拯救是徒劳，所谓未来，不过是往昔；所谓希望，不过是命运 。

在这个晦暗的时代，杜甫如同闪耀在夜空中的一束光芒，成了盛唐朝代由盛转衰的见证人。毁灭了的文明，凋落了的时代，如同东逝之水难复西归，在杜甫文字的描述之下或为永久的见证。他心中那股近乎愚蠢的执拗的勇气，支撑着他走过一段又一段或是微波泛起或是暴雨倾盆的艰难历程，但无论是物质上的匮乏还是精神上的折磨，他都选择坦然地面对这一切，甚至从中品味出一番诗意的生命体悟。

第三节

幽居怀国，大庇寒士俱欢颜

现在的"浣花草堂"被修建的十分典雅美丽，但是谁都想不到，1200多年之前，杜甫所住的"浣花草堂"只是几间破烂的茅屋而已。

秋风暴雨不断，"浣花草堂"本来就是单薄的草屋，如何能抵挡得住凄风苦雨。连日的阴雨侵蚀，让茅屋更加破烂，饥饿的妻子儿女们的神情，让已经50岁的杜甫难以入眠。在这样的情况下，杜甫写下了《茅屋为秋风所破歌》。

"八月秋高风怒号，卷我屋上三重茅。茅飞渡江洒江郊，高者挂罥长林梢，下者飘转沉塘坳。南村群童欺我老无力，忍能对面为盗贼，公然抱茅入竹去。唇焦口燥呼不得，归来倚杖自叹息。”

一场大风，把本就摇摇欲坠的茅草房顶掀开，年幼无知的孩子们欺负杜甫年迈无力，当着他的面抱走了茅草。已经年老的杜甫，没有力气去阻止这些孩子，只能拄着拐棍自己叹息。

“俄顷风定云墨色，秋天漠漠向昏黑。布衾多年冷似铁，娇儿恶卧踏里裂。床头屋漏无干处，雨脚如麻未断绝。自经丧乱少睡眠，长夜沾湿何由彻?安得广厦千万间，大庇天下寒士俱欢颜，风雨不动安如山！呜呼！何时眼前突兀见此屋，吾庐独破受冻死亦足!”

生活的无奈，物质的匮乏，让百忧萦绕在杜甫的心头，长夜何由彻，泪水满衣襟。每天晚上，杜甫都在听着雨声，等着天明。可是即便是这样，这个伟大的诗人想的并不全是自己，他想到的是全天下的寒士，是每一个跟他一样在经受着雨水和寒冷折磨的人，他希望眼前能够出现一个能使自己得到庇佑的房子，同时又想让这个房子能够容纳全天下所有的寒士。

《论语》里有一句话“己欲立而立人，己欲达而达人”，杜甫就是在用自己的一生践行着这句话，每当遇到灾难的时候，每当经历饥饿的时候，每当觉得痛苦的时候，他总是想到别人，想到整个国家的人民。

这首《茅屋为秋风所破歌》就像是杜甫为自己的一生所绘

出的一张素描，它没有颜色的遮盖，没有多余的线条，就像杜甫的一生，简简单单，非常纯粹。

杜甫是通过苦难磨炼出来的诗人，他的苦难不仅仅是个人的苦难，而是诗人的苦难，是国家的苦难，是民族的苦难，是人类的苦难。

为什么这个皱着眉头，拄着拐杖，一瘸一拐，举步维艰的人，偏偏是善良的杜甫？看到杜甫的画像，我们就能感受到他的苦难；读到杜甫的诗歌，我们也能感受到他的苦难。他跟李白不一样，李白一直是仰着头的。所以李白能够看到浪漫的月亮，而杜甫低着头的，所以他看到的是现实的土地。

古人公认的老年人是60岁以上的人，而杜甫没到60岁就去世了。其实在年龄方面，杜甫不应该被称为老人，但是从他的经历、形象来看，杜甫确实已经是一个老人了。也许正是因为他所经历的苦难太多了，已经让杜甫耗尽了自己生命的能量，而他的精神、诗歌却千古流传。

杜甫精神、艺术的光芒甚至超过了与他同时代的帝王将相，人称“诗圣”杜甫，能够担得起这个“圣”字的从来都不是王公贵族，也不是世袭名门，而是历经了百转千回磨难的人，是历经了无数摧折的人，是一次次被打击又一次次站起来的人，杜甫能够担得起一个“圣”字，是因为他的人格，因为他所做的事情。

杜甫总是这样地推己及人，他的眼睛已经被经历的磨难逐渐侵蚀得浑浊，但他却还要用自己迟暮的眼睛去注视那些正在经历磨难的人并为他们呼吁呐喊。他苦苦地为别人挡风遮雨，却没有发现，正在狂风暴雨中的人还有自己。他走投无路，却不会彻底绝望并埋怨别人，他总是默默地接受着上苍对他所做的一切，然后努力地活着。

当杜甫到鄜县去省亲时，他听闻自己的幼子已经因为挨饿而死去，他惭愧、难过，却又无奈，但是同时，他还想到了战乱中的百姓，他知道，饿死的不仅仅是自己的小儿子，还有无数的黎民百姓。当挨饿的时候，他想到的是跟自己一样挨饿的人；当寒冷的时候，他想到的是跟自己一样受冻的寒士，他看到下雨了，便想到地里的庄稼，想到耕种的农民。

所以杜甫能把关怀之心从家庭扩展到整个民族，整个国家。当他在暴风骤雨之夜，茅屋被刮破了，雨漏了下来，自己不得安眠，床上都是潮的时候，他想到的是“安得广厦千万间，大庇天下寒士俱欢颜，风雨不动安如山”。他希望的不仅仅是自己拥有一所牢固的、安稳的茅屋，更希望普天下穷人都能够有这样一个安居乐业的地方。

在某位诗人的笔中，杜甫曾被誉为“人民的太阳”，他那番

“深仁大爱”对于唐朝的百姓来说，宛若在干涸的土地上洒下一丝丝细雨，黑色的夜空中发出的一点点光亮。

回首历史长河，杜甫与我们的距离已有一千多年的时光，但他似乎从未远离过我们。他的诗作与他赤子般的情怀被人们铭记，他的才华同他慈悲如佛的初心使人们敬仰，他的经历同他高洁如莲的品质使人们反思。

关于杜甫，元稹曾说：“至于子美，盖所谓上薄风骚，下该沈、宋，言夺苏、李，气吞曹、刘。”有如此贴切得无以复加的评价，杜甫都应该是最幸福的。

第四节

世事突变，漂泊西南天地间

宝应元年（公元 762 年）二月，唐肃宗李亨病重，四月唐玄宗因病驾崩。这导致唐肃宗的病情也加重了。趁着唐肃宗病重，他平时所宠爱的张皇后和被他宠信的太监李辅国趁机作乱，想要走安禄山的老路。

张皇后和李辅国两人虽然合谋造反，但却是相互猜忌，毕竟皇位也只有一个，因此，在背地里两个人都在密谋。

为了权力，为了私欲，皇后和太监的斗争，在唐朝历史上并不少见，张皇后私底下紧急联系了越王李系，准备杀死李辅国，不料走漏了消息。李辅国带领军队冲进了唐肃宗的寝宫，当面把张皇后和越王李系处死，受到惊吓的唐肃宗，气急交加死在了床上。宫中凡是与张皇后关系密切的人，全部被李辅国处死，太子李豫登基，即唐代宗。

登基后的唐代宗，不过是李辅国的傀儡，此时的国家大事，都掌握在了一个太监手里。

这场翻天覆地的皇位之争荒唐地落幕了。而对于臣子们来说，其命运的转盘，刚刚开始被转动，不知道将停在哪一格，是幸运，还是不幸。

六月，经常在成都“浣花草堂”跟杜甫饮酒喝茶作诗的严武被调任京兆尹，同时，唐代宗下旨命严武负责修建唐玄宗和唐肃宗的陵墓。听到这个消息的严武十分高兴，他也有着许多的不舍，但高兴的是能够为皇帝修建陵墓，这是何等的光荣，何等的荣耀，但不知道何年何月才能够再回到成都，再回到“浣花草堂”跟杜甫饮酒作诗。

七月，严武启程离开成都，杜甫送严武，一直送到了绵州（今四川绵阳）城外30里的奉济驿。杜甫做了一首诗《奉济驿重送严公四韵》：

远送从此别，青山空复情。

几时杯重把，昨夜月同行。

列郡讴歌惜，三朝出入荣。

江村独归处，寂寞养残生。

一向情深义重的杜甫送走严武之后，倍感孤独，他望着严武离去的背影，望着被树林遮挡的远方的路，想到此后也许再也没有与自己谈诗饮茶的人了，便只能是“寂寞诗酒茶”了。

送走严武之后，杜甫没想到在朝廷的动荡地震的波及下，成都也发生了一场大政变。成都府少尹徐知道早就有造反的意向，严武前脚刚离开成都，后脚徐知道便发动了兵变，他自封府尹兼剑南节度使，将严武留下来的官印抢走。

正像宫中的太监李辅国，徐知道也妄想成为皇帝，为了这个念头，为了名利，他简直是视仁义两字为粪土。

因为一己私欲发动的战争最为可耻，并殃及广大百姓。徐知道有一个部将名叫李忠厚，他的行为与其名却截然相反，他疯狂地屠杀成都的百姓，原本的天府之国成都再没有平静悠闲的生活，这里因为暴力和血腥而成了地狱。

据杜甫的记录，李忠厚有一个奇特而残忍的爱好，他喜欢看别人杀人，而且喜欢一边喝酒一边看，看到别人在自己面前死去，他就会有发自心底的快乐，这简直让杜甫不能理解。

这场浩劫，差点让成都在屠刀之下成为一座死城。好在八月下旬，刺史高适带领军队进行了平定，不然，又会增添离乱、惨死和飘零。

成都城的混乱，让杜甫又开始了新一轮的奔走他乡，他必须告别深爱着的“浣花草堂”了，草堂中盛开的芳草，不知道再回来的时候是不是只能看见枯枝败叶了。

杜甫与“浣花草堂”惜别，举家搬迁到了梓州（现在的四川省三台县）。在梓州，严武的朋友李刺史对杜甫多加照顾，李刺史被调任后，新上任的章刺史继续照顾杜甫一家人。

后来严武又回到了四川，他盛情邀请杜甫担任幕僚，在任官职期间，杜甫写下了《忆昔两首》。

其中一首写道：“忆昔先皇巡朔方，千乘万骑入咸阳。阴山骄子汗血马，长驱东胡胡走藏。邺城反覆不足怪，关中小儿坏纪纲。”

这首为讽刺朝廷而写的诗作，充满了杜甫对于时事的关注，对于朝廷的担忧：“关中小儿坏纪纲，张后不乐上为忙。”自唐玄宗开始，朝廷就充满了小人，从李林甫到杨国忠，从杨国忠到李辅国，小人祸乱朝纲，小人搅乱了乾坤。但是，信任小人的君主，远离贤臣的君主，偏偏是自己效忠的帝王。杜甫做这首诗，是多么想警醒唐代宗啊，但是无奈他官位低微，话语难以被皇帝听见，他所能够做的不过是着急、彷徨和担忧。

《忆昔》中第二首写道："忆昔开元全盛日，小邑犹藏万家室。九州道路无豺虎，远行不劳吉日出。稻米流脂粟米白，公私仓廪俱丰实。齐纨鲁缟车班班，男耕女桑不相失。宫中圣人奏云门，天下朋友皆胶漆。百馀年间未灾变，叔孙礼乐萧何律。岂闻一绢直万钱，有田种谷今流血。洛阳宫殿烧焚尽，宗庙新除狐兔穴。伤心不忍问耆旧，复恐初从乱离说。"

一幅幅真实而血淋淋的历史画卷缓缓展开，杜甫将个人的生命置之度外，评说历史，彰显一位胸怀天下的诗人对正义的伸张，对人性的宣扬。同时，这种用写实主义手法描绘下的历史画卷也为人们留下了宝贵的历史资料，得以让后人看到蕴藏于史书、溢词之内的唐朝原貌。

十月，秋高气爽，唐军跟胡军在洛阳的北边进行了决战，20万人的打斗厮杀，又一次血流成河。这一次，唐军大胜，胡军躲到了范阳的营地中不敢出来。史思明的儿子史朝义吊死在河北滦县的树林中。

一场"安史之乱"的浩劫，葬送了唐朝的开元盛世，葬送了贞观之治，杜甫回忆说："忆昔开元全盛日，小邑犹藏万家室。稻米流脂粟米白，公私仓廪俱丰实。"而现在，有多少人因为饥饿而死去，他们甚至因为饥饿而吃人。

“安史之乱”结束后，据史料统计，中国的人口减少了百分之七十。这数百万人几乎全部死于战争之中。

第七章 半生沧桑半生秋

明朝的李渔曾经说过一句话：“看江山无恙，一瓢一笠到襄阳。”杜甫想要回到洛阳，不仅仅是为了回到家乡，而是为了满足自己想回家的愿望，是想看到无恙的江山，想看到恢复平静的山河。

第一节

戈乱终平，快歌漫卷喜欲狂

代宗广德元年（公元763年）正月，官军以摧枯拉朽之势追击叛军，连克河南、河北诸州，史朝义见大势已去，逃至温泉栅（今北京东北）自缢身亡。至此，历时七年零三个月的“安史之乱”终于结束。消息传到梓州，杜甫惊喜万分，百感交集，写了被称为“杜甫平生第一快诗”的《闻官军收河南河北》：

剑外忽传收蓟北，初闻涕泪满衣裳。
却看妻子愁何在，漫卷诗书喜欲狂。
白日放歌须纵酒，青春作伴好还乡。
即从巴峡穿巫峡，便下襄阳向洛阳。

安史之乱持续多年，苍生百姓，困苦不堪，全家上下无不疲于奔命，而我白发早生，身心已然苍老。这日，正伏案读书，仆人气喘吁吁地告诉我从剑门关外传来已收复蓟北的消息，我刚听到这个喜讯的时候，不禁悲喜交加，泪水不由地打湿了衣裳，这一切终于就要结束了，苦难也可以终结了吧！

回头看看多年来跟我一同受苦的夫人和儿女，他们一改往日的愁容，尽情地欢笑着，快乐是多么简单，又是多么难得啊，擦干泪水，我随意卷起往日珍爱的诗稿和书籍，跟他们一起欢笑，这种快乐让我感觉到疯狂，苦难终于结束了！

在如此美好的时光里，我们上路，一样的路途，却是迥然不同的心情，来时的悲戚已被归去时的快乐所代替，我放声歌唱，纵情畅饮，谁还能说我年岁已高。踏着春光，和春天做伴，一路且歌且行，回到心心挂念的故乡。小舟从巴峡向巫峡，穿梭如风，上岸后我们由襄阳直奔向洛阳。马上到了，故乡！

虽然在"浣花草堂"的生活十分惬意舒适，但是对于杜甫来说，仍然没有办法让他停止对故乡的思念，他想念洛阳的一草一木，想念洛阳的山川河流。

明朝的李渔曾经说过一句话："看江山无恙，一瓢一笠到襄阳。"杜甫想要回到洛阳，不仅仅是为了回到家乡，为了满足自己想回家的愿望，而是想看到无恙的江山，想看到恢复平静的山河。

饱受7年战争的折磨，杜甫总是压抑着自己，在这7年内，他好像从来没见过春天，但当剑门关外传来收复河南河北的消息时，他快乐地简直像一个孩子，好像一下子春天就出现了，他要伴着春光回到心心念念的洛阳。

剑外、蓟北、巴峡、巫峡、襄阳、洛阳，短短的8句诗里一下子出现了6个地名，凸显杜甫的思绪因为快乐而跳跃，因此并不显得堆砌。这首《闻官军收河南河北》是杜甫生平的第一快诗，正是在他最快乐的时候写下的，所以没有停顿，一气呵成。

美国的现代诗人雷克斯罗斯提过这样一个观点，他认为杜甫的价值是他所关心的人与人之间的爱，人与人之间的宽容和同情，只有这种品格才能最后拯救我们这个世界。他还认为，有这样一种品格的杜甫所孕育的这种文化，当然也就是我们的中华传统文化。这比孕育了《荷马史诗》的希腊文化更加伟大。

正如一个文学家在领取诺贝尔文学奖的演讲中所提到的，人类要向2000多年前的孔子学习，汲取他的智慧。其实中华文化中的精华不仅是孔子，还有杜甫。

如果把唐诗比作一支交响乐队，那些充满才华的诗人们每个人都奏出了自己的乐章，陈子昂的悲慨，王昌龄的雄浑，刘禹锡的清俊，王维的秀丽，杜甫的沉郁，柳宗元的恬淡，韩愈的险怪，李白的飘逸，李贺的冷艳，白居易的轻俗，李商隐的雅艳……而无疑李白的诗是这场交响乐中飘扬最远、飞扬最高的一支曲子。而杜甫则为这支队伍压住了阵脚。

伟大的诗篇是思想的升华，德国哲学家海德格尔曾经说过："思想就像一条鱼，人们却以它在岸上存活时间的长短来衡量它的价值。"杜甫就是一条会思想的鱼，大多数时候，他待在水里，很少的时候，他趴在岸上，每当此时，便不再是那条在水中自由游弋的思想之鱼了。

我们所能做的，便是拨开水的薄雾，看到杜甫在水中的时候，而不是把他在岸上的样子奉为真容。

我读杜诗的印象是：每到生活的沉郁之时，诗中就有一股力量令人振奋起来。这力量来自于孔子、屈原、司马迁……也来自于广袤的大地，来自于生机勃勃的祖国山水、不屈不挠的民间——毅然从军的老头、半夜离家的老妇、新婚送丈夫上前线的女子，都给了杜甫向前的力量。

伟大的诗人在大地之上徜徉。

他那双脚徒步不下十万里。

他的眼睛投向多少村落、多少带血的城郭。

这个常常自称“老儒”的老头，用他的一生诠释了儒家标榜的理想人格——人饥己饥，人溺己溺。这种伟大的人格，因为有了杜甫的诠释而洗去了“腐朽”的铅华，光彩照人，令人神往。杜甫也在诗歌之外显得愈加巍峨高大。当代学者傅道彬、陈永宏在《歌者的悲欢》一书中称杜甫为后人建立了一座纪念碑：“在这座非人工建立的纪念碑面前，任何一个正直善良的人都会在它的面前低下自己仰慕感念的头颅；任何一个有民族自尊和责任感的炎黄子孙，都会自心底深处升腾起一种民族的自豪感，为我们历史悠久的民族文化能哺育出如此伟大高洁的人格而由衷地自豪。”

“白日放歌须纵酒，青春作伴好还乡。”由于严武已经回到了成都，并且邀请杜甫去成都做府尹，杜甫思来想去，最终还是回到了成都的“浣花草堂”。

刚刚结束了“安史之乱”，吐蕃军又开始作乱，差一点攻破长安。这次的战火延伸到了四川，严武忙于打仗，杜甫担任检校工部员外郎没有多久，实在受不了官场的风气。等仗打完了，严武回到成都，杜甫提出了辞职。

显而易见，比起做官，杜甫更爱看那“两个黄鹂鸣翠柳，一行白鹭上青天”的悠闲日子。

第二节

严武突逝，别蜀漫游归农家

杜甫辞官后不久，也许是因为在战争后耗费了太多的精力，只有 40 岁的严武突然去世了，他壮年英逝，成都失去了一员猛将，杜甫失去了一位最珍贵的朋友。

正如杜甫在《赠左仆射郑国公严公武》中所写的：“公来雪山重，公去雪山轻。”对于成都来说，没有了严武，便失去了一个坚实的屏障，吐蕃再也不必惧怕成都的军队了，而对于杜甫来说，失去严武，无疑是失去了一个重要的经济和精神支柱，此前，杜甫一家人的生活基本都靠严武资助。这让杜甫一家人再次陷入了无米下锅的窘境。

就在三个多月之前，与杜甫结交三四十年之久的高适和房琯也相继去世。这些能够帮助杜甫，给予他经济支持的朋友纷纷离去，不仅让杜甫感伤，还使他不得不直面生活的残酷。

“安史之乱”平息了，但是它带来的灾难却远远没有结束，人民的生活还是那样艰难，战争给人们的生活留下了难以磨灭的痕迹。

严武、王维、李白、房琯、郑虔、苏源明这些曾经同生死共患难的朋友一个个离开人世，杜甫的悲痛难以言表，只得记录在自己的诗里。

故旧谁怜我，平生郑与苏。
存亡不重见，丧乱独前途。
疟病餐巴水，疮痍老蜀都。
飘零迷哭处，天地日榛芜。

——《哭郑司户苏少监》

这首《哭郑司户苏少监》便是杜甫写给郑虔、苏源明的悼亡诗，与自己共患难的朋友如今一个个去世了，目睹他们一个个先走，杜甫这个白发苍苍的老人既感伤他们的离去，又哀叹自己的处境:“疟病餐巴水，疮痍老蜀都”，由于战乱的摧残，成都再不是原来的“天府之国”了。

严武去世后，杜甫一家的生计得不到保障，他决定带领全家再一次迁涉，他买了一支小舟，决定离开成都。临走时，杜甫最舍不得的便是“浣花草堂”，这个草堂承载了他太多的记忆，这里的一砖一石，一草一木，几乎都是杜甫亲手布置经营的，他亲手料理着自己的草堂，最后却只能把草堂当作野草。

临行前，杜甫做了一首诗《去蜀》：

五载客蜀郡，一年居梓州。
如何关塞阻，转作潇湘游。
万事已黄发，残生随白鸥。
安危大臣在，不必泪长流。

离开了成都“浣花草堂”的杜甫，就像是一只无处可以停歇的白鸥，追随着来来往往的帆船，沿着江河漂流而走。

杜甫一家人，顺着大江，在小舟之上漂流了数月，从嘉州、戎州（现在的宜宾）到渝州（现在的重庆）、忠州（现在的忠县）、云安（现在的云阳），最终在大历元年到达了夔州（现在的奉节）。

初到夔州，杜甫对当地的风土人情十分感兴趣，虽然此时杜甫的年龄已经很大了，但是他对于生命的好奇，对于他人的关心，好像从来没有因为年龄的增长、因为时间的流逝而发生改变，他永远保持了一颗赤子之心，就像他当年写作“三吏”“三别”的时候一样。

杜甫写了《负薪行》，描绘当地的风土人情：“夔州处女发半华，四十五十无夫家。更遭丧乱嫁不售，一生抱恨长咨嗟。土风坐男使女立，男当门户女出入。……若道巫山女粗丑，何得此有昭君村？”

在夔州居住下来的杜甫，靠着种地为生，夔州都督柏茂林对杜甫也多加照顾，在夔州，杜甫虽然不像在“浣花草堂”一样享受着自然的美景，但他的创作却达到了一生中的最高潮，在两年不到的时间里，杜甫写了430多首诗，这些诗占了《杜甫诗集》中的十分之三。

可能是友人的一个个死亡，让敏感的诗人也已经意识到了自己的时日无多，所以想要通过诗歌，多留下一些自己的印记。

当然，这也跟他生活的舒适有关。在夔州的两年，杜甫全家为公家代管东屯公田100顷，并且另外租了一些公田，买了

40亩的果园，全家都要下地干活，靠着辛勤的耕种，全家人倒也活得悠然自在，至少能够自给自足，不用再东奔西走了，也不用再饱受饥饿的折磨了。

农家生活，让杜甫回归田园，妻子杨氏本来想种莴苣，却种了一地的野菜，杜甫的大儿子宗文养了60多只乌鸡，而杜甫却越来越符合他“少陵野老”的自称，他骑着马从白帝城到瞿塘峡去，结果摔断了腿。

虽然生活有一种隐居般的闲适，但是杜甫的思想却没有独善其身，脱离现实，他始终没有把自己的眼睛从下层人民身上移开。

堂前扑枣任西邻，无食无儿一妇人。
不为困穷宁有此，只缘恐惧转须亲。
即防远客虽多事，便插疏篱却甚真。

——《又呈吴郎》

这首诗是讲杜甫在夔州的时候，建了一个草堂，在草堂的西边有一位邻居，是个老太太，这位老太太已经没有什么家人了，生活得很艰难，经常吃不饱，为了活着，她就经常到杜甫草堂边的枣树下去打枣吃。按理说，杜甫应该阻止老太太的作为，但因为杜甫曾经生活得特别艰难，他理解那种吃不饱的痛苦，所以对于这位老太太，他从来没有制止过。

后来杜甫不住夔州之后，便将自己的草堂交给了一个远方亲戚吴郎，吴郎在草堂的四周建起了篱笆，这位老太太就再也不能打枣吃了。就为了这样一件事，杜甫特地写信给吴郎要他拆掉篱笆。

一个吃不上饭的邻居尚且让杜甫这样惦记，更何况国家大事，更何况更多的吃不上饭，“贫到骨”的千千万万的人民呢？

日本作家村上春树在一次演讲中曾经说过：“当鸡蛋和墙壁碰在一起时，我永远站在鸡蛋那一边。”杜甫也是如此，他永远站在弱势的人民这一边，为沉默的大多数发声，有人说杜甫是愚忠，是封建时代的糟粕，但是杜甫忠的从来就不是君主，他忠的是国家，杜甫的许多诗歌是将矛头直指统治阶级的，这种直接和无畏，即便在今天，也没有几个文人能够做到。

站在人民的一边，站在弱势的一边，站在无人守护者的一边，站在被侮辱和被损害者的一边，杜甫一直是这么做的，他无愧自封的“老儒”、“儒冠”、“儒生”称号。作为一个真正的儒家的弘道者，他把儒家的忧患意识、仁爱精神、恻隐之心、忠恕之道真正发扬光大了。

第三节

友弟分散，死别吞声常恻恻

杜甫总是这样，尽管自身的生活已经很艰难、身上的衣服已经很残破，尽管长路漫漫带给自己的是无尽的悲戚，但是杜甫仍然在分分秒秒、月月岁岁地为他人的痛苦而难受，为战乱的频仍而担忧。

在自身危难之际，杜甫从来没有忘记把那双不再年轻却依旧清澈的目光投向苦难的人民。

《随园诗话》里曾提到杜甫，看到了杜甫寻常的一面，认为人们只知道杜甫每饭不忘君，却不知道他对于妻子、兄弟、邻里也是一样的情深义重。

在夔州的时候，杜甫经常写诗回忆自己往昔的经历。十几年前写的《赠卫八处士》也可以恰当地形容此时杜甫的心境。他的情真亲切，令人在千百年后再读到杜甫这首诗，还是会被深深地打动。

人生不相见，动如参与商。今夕复何夕，共此灯烛光！
少壮能几时，鬓发各已苍。访旧半为鬼，惊呼热中肠。
焉知二十载，重上君子堂。昔别君未婚，儿女忽成行。
怡然敬父执，问我来何方。问答未及已，儿女罗酒浆。
夜雨剪春韭，新炊间黄粱。主称会面难，一举累十觞。
十觞亦不醉，感子故意长。明日隔山岳，世事两茫茫。

——《赠卫八处士》

今夕复何夕，得与故人同游？这首《赠卫八处士》并不是杜甫写作技巧最好的诗歌，也不是他诗歌中意义重大的诗歌，但是这首诗绝对是他最能打动人心的诗作之一。

“人生不相见，动如参与商”，到如今，我们不还是正在经历着人生的动荡吗？佛家说人生有七苦，其中便有别离。苏轼说“陪君醉笑三千场，不用诉离殇”；高适说“劝君更尽一杯酒，西出阳关无故人”。

人生最艰难的时刻，有朋友陪自己度过，因此失去朋友的那一刻，也最为悲伤。因为失去，所以伤感；因为伤感，所以痛苦；因为痛苦，所以不愿离别；因为不愿离别，所以饮酒；因为饮酒，所以痛苦。

“昔别君未婚，儿女忽成行”，杜甫写这句诗的时候，也许仅仅是在写诗，但是在读者看来，却有一种直入心底的沧桑，时间如同白驹过隙，有什么可以留下呢？原本的青春年少，一转眼变成了白骨；原本的未婚之友，到如今也有了妻儿。

一别几十年，再别便是一辈子。古人的离别，远比我们现在痛苦得多，路途遥远，音讯阻隔，真的是一别难见，明日，生死两茫茫。

杜甫看着生龙活虎的朋友突然离开这个世界，目睹曾经的亲密友人突然离开这个世界，他们来到、离去，都在杜甫的心里 荡起层层的涟漪，无法平静。

他牵挂的是远方的兄弟：“露从今夜白，月是故乡明。有弟皆分散，无家问死生。”（《月夜忆舍弟》）

他牵挂的是那个自己年少时就崇拜的诗人李白。一连几天，杜甫都梦见了李白，敏感的杜甫怀疑李白已经去世，写下了《梦李白二首》。

死别已吞声，生别常恻恻。
江南瘴疠地，逐客无消息。
故人入我梦，明我长相忆。
君今在罗网，何以有羽翼？
恐非平生魂，路远不可测。
魂来枫林青，魂返关塞黑。
落月满屋梁，犹疑照颜色。
水深波浪阔，无使蛟龙得。

——《梦李白二首》（其一）

对于杜甫来说，李白是他往日的偶像，也是他最为珍重的朋友，想起曾经跟李白打猎游玩的日子，想起跟李白喝酒谈天的快乐，杜甫就非常地怀念，在梦中甚至梦到了李白。可奇怪的是，我们在李白的诗集中却很少见到他写给杜甫的诗，李白曾写给到湖边送他的汪伦，却没有写给杜甫的诗歌，这又是为什么呢？

研究李白的学者曾经提出过这样一个观点，认为李白跟杜甫的关系并不是非常深厚，杜甫对于李白来说仅仅是一个普通的朋友。那么又怎么解释杜甫写给李白的许多诗歌，怎么解释杜甫在诗歌中对李白的真挚友情呢？

如果上述学者的观点是成立的，那么杜甫的赤子之心就显得更为可贵了，对于一个跟自己友情并不深厚的故人，杜甫都有着这样的真心，可见他待人的一片热忱和真挚。

浮云终日行，游子久不至。
三夜频梦君，情亲见君意。
告归常局促，苦道来不易。
江湖多风波，舟楫恐失坠。
出门搔白首，若负平生志。
冠盖满京华，斯人独憔悴。
孰云网恢恢，将老身反累。
千秋万岁名，寂寞身后事。

——《梦李白二首》（其二）

杜甫诗歌里的感情，已经远远超越了诗歌本身所容纳的限度，这些感情来源于杜甫的内心，来源于他对朋友的感情，对于生活的热情，对于生命的希望。“江湖多风波，舟楫恐失坠。出门搔白首，若负平生志。冠盖满京华，斯人独憔悴。”这几句诗恰恰可以用来形容杜甫自己，但是杜甫却偏偏忘了自己，他为李白担心，他同情李白、理解李白，觉得李白是“斯人独憔悴”，但是杜甫自己何尝又不是呢？

也许在写《梦李白》的时候，杜甫也在自感身世，作为一位垂垂老矣的暮年之人，感伤李白又何尝不是在感伤自己呢？

第四节

登高悲秋，艰难苦恨繁霜鬓

在夔州，杜甫住了不到两年，但却经常搬家，据他自己的记载，共换了四个地方。刚到夔州的时候，一家人住在位于半山腰的西阁，西阁临近雄踞长江边的瞿塘关，站在西阁可以看到滚滚的长江、来往的船只，听到江水翻腾的声音。

大历二年（公元767年），暮秋之时，杜甫所写的七律《登高》这首诗，很可能就是他站在西阁俯视滚滚长江而后写下的。这首名震千古的七律诗，明代胡应麟称它为“古今独步，七言律诗第一”。

风急天高猿啸哀，渚清沙白鸟飞回。

无边落木萧萧下，不尽长江滚滚来。

万里悲秋常作客，百年多病独登台。

艰难苦恨繁霜鬓，潦倒新停浊酒杯。

——《登高》

这首诗里不仅有登高所见，还有杜甫的形象，就像当代诗人卞之琳的那首《断章》：“你在桥上看风景，看风景的人在看你，风景装饰了你的眼，你装饰了别人的梦。”杜甫登高，感怀伤事，满腔苦恨。我们看到的不仅是他所看到的景色，我们还看这个登高的人。

“百年多病独登台”的杜甫把国事家事天下事全部写在了诗里，虽然“名岂文章著，官应老病休”，当时尚没有很多人读过他的诗歌，这个年迈的老人也在仕途方面遭遇了坎坷，但是杜甫在诗歌方面依旧是成功者，他把写诗作为生活的一部分，把诗歌作为自己最大的慰藉、最知心的朋友。诗歌记录了他的生活，记录了他的内心，记录了他所有没有说出来的话，记录了他所有的情绪和感触。

登高纵目，在暮秋，杜甫看到了萧瑟的长江，也看到了已经进入人生暮秋的自己。

宋代画家、书法家、诗人黄庭坚专门写过一首诗，描绘杜甫的形象。在他的笔下杜甫是“醉里眉攒万国愁”，也就是说即便喝醉了，他的眉头还是皱起来的，“艰难苦恨繁霜鬓”，杜甫的忧愁太多了，他愁的是家，也是天下，这些都萦绕在他的眉间。

杜甫与李白不同，李白醉了是更加浪漫，醉了之后还想要追逐月亮，甚至为此落入水中。而杜甫则不是，杜甫即便是醉了，也没有办法纾解他的忧愁，就像是李白所写的诗：“抽刀断水水更流，举杯消愁愁更愁。”而且杜甫是不愿意举杯消愁的，他更愿意举起杯子来为“安史之乱”的平定大醉一场。

有人品评黄庭坚的这句“醉里眉攒万国愁”说：“状尽子美平生矣”，是啊，一句话就总结了杜甫的一辈子。

杜甫快乐的时候，依旧有着浅浅的忧愁，尽管他快乐的时候很少；杜甫在安定的时候，依旧有着内心的关注，尽管他安定的时候很缺少；杜甫在苦难的时候，依旧有着推己及人的善良，尽管他已经穷途末路；所以他总是“醉里眉攒万国愁”。

宋代的严羽在他所著《沧浪诗话》里说：我们读有些作品需要进入这样一种境界，譬如说读《离骚》，怎样才能最好地读懂《离骚》呢？你一定要读到抑扬顿挫，读到涕泪满襟，读到泪如倾盆雨，衣服都打湿了，这个时候，你才真正懂《离骚》了。

读杜甫的诗也要如此。“无边落木萧萧下，不尽长江滚滚来”；“穷年忧黎元，叹息肠内热！”杜甫是把自己所有的血与泪、命与运都投入到了诗歌之中，他对于黎民百姓的关怀，对于时事的关注，对于自然的歌颂，对于他人的热心，都让他成为了一个伟大的诗人。

写完《登高》后不久，杜甫的左耳就完全听不见了，此时的杜甫真是一身病痛：肺病、风痹，牙齿半落、老眼昏花。如果一个人不了解杜甫的生平，不了解当时唐朝的时代背景，不了解那些背后的原因，是永远读不懂杜甫的诗歌的。

第八章

曲终散尽诗未老

时间没有消磨掉杜甫的意志，也没有消磨掉他诗中的佳句，他曾发誓要“为人性僻耽佳句，语不惊人死不休”，到了老年，杜甫的诗艺已经达到了巅峰，信手拈来，便令人耳目一新。

第一节

舟寄余生，干戈寥落四周星

大历三年（公元768年）正月，杜甫收到弟弟杜观从江陵（现在的湖北江陵）寄来的信，催促杜甫到阳县（现在的湖北当阳）去。

杜甫当即决定离开夔州，他把自己一点点经营起来的四十多亩农田和果园送人，数十个朋友来到江边送别杜甫。不留后路的杜甫来到江陵后却被弟弟杜观所慢待了，一家人吃不上饭，杜甫的儿子杜宗文给叔叔写信，说他们已经穷途末路了，可是杜观再也没有出现。

江陵的人情淡薄让杜甫灰心，他决定离开江陵，乘船南下到公安（现在的湖北公安）去，在这里杜甫遇到了故人顾戒奢。

顾戒奢曾是唐玄宗太子的文学翰林侍诏，因为隶书写得特别好，被当时长安的士人所知，“安史之乱”早已把他当年的风光冲淡了，如今只能靠写字为生，流落江湖，艰难谋生。听说顾戒奢要到洪州（现在的江西南昌）、吉州（现在的江西吉安）等地谋生，杜甫做了一首诗，叫作《送顾八分文学适洪吉州》，其中有一句“视我扬马间，白首不相弃”，间接反映了杜甫在这段时间里感受到世态炎凉。

“羁旅知交态，淹留见俗情。衰颜聊自哂，小吏最相轻。”（《久客》）就连小吏也轻视杜甫，受不了这样的人情淡薄，在公安滞留了几个月后，杜甫又离开公安，前往岳阳。暮冬的黎明，伴随着“邻鸡”的鸣叫和“野哭”的声音，杜甫带着家人开始了新一轮的船行。

大历四年（公元 769 年）正月，杜甫离开岳阳，乘船从洞庭湖到湘江，准备去往衡阳，在路上，他写下了许多首记录沿岸环境恶劣和民生的诗歌。“苍苍众色晚，熊挂玄蛇吼。黄罴在树巅,正为群虎守。”（《上水遣怀》）两岸的猛兽使水上漂泊的日子并不比陆地安全，一路上照样有着无数的风险。

“石间采蕨女，鬻市输官曹。丈夫死百役，暮返空村号。闻见事略同，刻剥及锥刀。”（《遣遇》）这一路上杜甫看到的人、遇到的事大同小异，朝廷对于人民的剥削，苛捐杂税对于人民的欺压，已经到了让人不堪重负的地步，就连身边的一把锥刀都要夺去，简直不给百姓们一条活路。

唯一可以安慰的是，还有一个诗人，在为这些无路可走的人民歌唱。当生命消逝的时候，总会有诗人出现，唱着哀歌，从《诗经》到《九歌》，从司马迁到杜甫，时间的流逝、生命的消亡，让白驹过隙的流逝之感越加强烈。在时间的缝隙里，在光与影的边缘和交汇处，诗人们用自己的歌唱，用自己的文字补偿流逝所给人带来的消亡感。他们用诗歌来超度亡魂，安慰生灵，用诗歌来抚慰已经残破了的内心和大地。杜甫就是这样一个诗人。

在这段辗转漂泊的时期，杜甫在舟上的时间比在陆地上的时间还要长，一路上，看到的尽是冬天的萧条凄凉和民不聊生的悲惨场景。

“舟中无日不沙尘，岸上空村尽豺虎。”（《发刘郎浦》）

“天下郡国向万城，无有一城无甲兵！焉得铸甲作农器，一寸荒田牛得耕？牛尽耕，蚕亦成。不劳烈士泪滂沱，男谷女丝行复歌。”《蚕谷行》）

民生的凋敝让杜甫深有感触，在辗转之间，杜甫带领全家到了衡州（现湖南省衡阳市）。杜甫听说故友韦之晋三月份被调任到潭州（现湖南省长沙市）做刺史，一家人又到了潭州，可不幸的是四月份的时候，韦之晋突然之间病逝了。

此时的杜甫再一次面临生活无依的困境，他只好向崔涣、卢十四两个侍御请求帮助。

还好潭州有一个叫作苏涣的年轻人，非常崇拜杜甫，杜甫的舅舅也在潭州，在他们的帮助之下，杜甫一家人的生活暂时有了保障。已经经历了这么多之后，杜甫再也不会被一些生活上的磨难所打倒，他习惯了苦中作乐，清明时节，他跟苏涣和儿子泛舟湖上，杜甫自已打趣说：“春水船如天上坐，老年花似雾中看。”调侃自已老眼昏花，看不清楚，真似雾里看花。

此时的杜甫，已经快走到生命的终点，从他给朋友的信中可以看出，他竭力在把自已的所有志向和信念托付给挚友。在给途经潭州前往道州任刺史的裴虬赠诗中，杜甫叮嘱其到任后，“上请减兵甲，下请安井田。”（《湘江宴饯裴二端公赴道州》）在给裴虬的答诗中，杜甫叮嘱裴虬道：“致君尧舜付公等，早据要路思捐躯。”（《暮秋枉裴道州手札率尔遣兴寄递近呈苏涣侍御》）

大历五年（公元770年）春天，杜甫依旧在潭州。此时，在唐代颇负盛名的李龟年也流落到了潭州，他是杜甫的老相识了。与旧友重逢，杜甫非常高兴，他写下的《江南逢李龟年》，不仅把在开元天宝年间闻名的音乐家记录在了史书和音乐史上，还把李龟年这个名字留在了每一本唐诗选辑里。

“岐王宅里寻常见，崔九堂前几度闻。正是江南好风景，落花时节又逢君。”

即便是在这样穷困潦倒的情况下，杜甫依旧有着自己的诗性，谁能想到写下这样美丽句子的人，已是一位近60岁的老人呢？是一位身体多病、老眼昏花的人呢？时间没有消磨掉杜甫的意志，也没有消磨掉他的佳句，曾经发誓“为人性僻耽佳句，语不惊人死不休”，这一时期，他的诗艺已经达到了巅峰，信手拈来，便令人耳目一新。

第二节

波澜时局，一曲哀怨岁晏行

乱世之中，生活安定的时候总是太短，大历五年（公元 770 年）四月某一天的夜里，潭州发生了兵变，湖南兵马使杀死潭州刺史崔憬，全城的百姓都在逃命，杜甫一家人也疯狂地奔逃着。

在逃命的路上，杜甫做了一首反映苛捐杂税下人民苦难生活的诗《岁晏行》。

“况闻处处鬻男女，割慈忍爱还租庸。”乱世的易子而食，典卖儿女是现在和平时代想象不到的事情，可在当时是处处可见的，走投无路的人，为了活着，不得不割裂亲情。

春秋时候的管仲曾经说过：“仓廪足而知礼节，衣食足而知荣辱。”确实如此，如果连肚子都吃不饱了，怎么还能讲诗书礼易乐春秋呢？

因为天气太寒冷了，原本靠捕鱼为生的莫徭人难以糊口，只好靠着射大雁来勉强果腹，可惜的是楚人爱吃鱼不爱吃鸟，所以莫徭人就是打了大雁也卖不出去，生活非常艰难。最后实在是没有办法了，只好把自己的女儿或是儿子卖掉，因为人人都在卖，还不一定能够卖一个好价钱。而那些有钱人却是酒足饭饱。真是“朱门酒肉臭，路有冻死骨”。杜甫写这首诗的时候，好像站在那些达官贵人面前，给了他们狠狠的一个耳光，字字都是剑，句句都是枪。如果说文字可以作为武器的话，杜甫的诗应该是武器中最锋利的一种。“此曲哀怨何时终？”这首《岁晏行》里，杜甫多么想在临终的时候把哀怨结束掉啊。

杜甫终生流浪的生活，使他把人世间所有的苦难都一点一滴地拣起，扛在了肩上，装进了心里。而他自己却是“朝扣富儿门，暮随肥马尘，残杯与冷炙，到处潜悲辛”；“饥饿动即向一旬，敝衣何啻悬百结”；“麻鞋见天子，衣袖露两肘”。即便他已经穷苦到了极致，他对为民请命一事也是从来没有推脱过，更不躲避。就是在他即将撒手人寰，为自己举行告别仪式的时候，在“转蓬忧悄悄，行药病涔涔”的时候，还在关心着“战血流依旧，军声动至今”。杜甫是大儒，可他分明又高于传统的儒家。儒家说："穷则独善其身，达则兼善天下。"杜甫却不管穷达，都要兼善天下；儒家提倡"不在其位，不谋其政"。杜甫却是不管在不在位，都要谋其政，为时代而泣，为百姓而歌。尽管"身已要人扶"，他却说"拔剑拨年衰"；尽管"处处是穷途"，他还是"不拟哭穷途"；尽管"万国尽穷途"，他依然"艰危气益增"。他用诗作为记录，记述了他"穷年忧黎元"、"济时肯杀身"的一生。

从潭州出发，杜甫准备带着家人去衡州，他就像是一匹老马，东奔西走，在这个乱世的城池之间不断辗转。

江汉思归客，乾坤一腐儒。

片云天共远，永夜月同孤。

落日心犹壮，秋风病欲苏。

古来存老马，不必取长途。

——《江汉·江汉思归客》

"腐儒"是杜甫对自己的评价，虽然已经老了，但是杜甫还是有着"老骥伏枥，志在千里"的信念，他说自己是一匹老马，老马识途，一生在大地上奔跑。虽然并不处在同一个时代，但曹孟德一句“烈士暮年，壮心不已”跟杜甫“落日心犹壮，秋风病欲苏”的诗句却有着异曲同工之妙，这是时代的英雄对不饶人的岁月发出的反抗之音。此时的杜甫的精神还是很足，还没有预料到自己就快要走到生命的尽头了。

从潭州出逃，杜甫又到了衡州，还是那条乘坐了许久的破船，船身老旧，勉强能够下水，但也只能如此，再也没有钱去买条新船了。

全家人相互扶持着，准备到郴州投靠杜甫的舅父崔湋，可是天不遂人愿，船还没有行到耒阳县，就遇到了夏季的暴雨，七月的洪水让江水猛涨，本就破烂的船身，在翻滚的江水中停摆着，岌岌可危。

没有法子，杜甫只好把船停在了方田驿，这里距离耒阳县还有四十多里。

没有一点食物，杜甫和他的妻子儿女们饿了整整5天，几个人在船上差点饿死，已经奄奄一息，幸亏杜甫曾经给耒阳县的聂县令写过一封信，聂县令惦记着杜甫的船，便派人来寻找他。

杜甫和他的家人，靠着聂县令带来的几十斤酒肉才没有活活饿死，当看到食物的时候，几个人都狼吞虎咽，差点噎死。饿了5天的杜甫大吃了一顿，这应该是他此生的最后一顿饱饭。

得到聂县令的援助后，杜甫决定由耒阳到郴州，继续原本的计划，可是如果要北上的话，是逆流，此时的洪水还没有消退，如果执意逆流而上，势必会葬送一家人的性命。尽管很想回到故乡，杜甫还是决定南下，顺着江流折回了潭州。

聂县令不知道杜甫已经离开了耒阳县，来到岸边，只看到滚滚的洪水，却没了承载杜甫的那条小舟，聂县令以为杜甫已经被洪水冲走，不禁放声大哭。这个普通的县令，对于自己所敬重的诗人是非常爱戴的，因为读过杜甫的诗歌，所以敬仰他的为人。为了纪念诗人杜甫，聂县令在离耒阳县北边 2 里的地方立了一座坟，用来纪念自己佩服的诗人。

虽然当时杜甫并没有死，但是聂县令的祭拜也只是提前了一点点。

总为别人的死亡悼念、哀叹，杜甫没想到，这一次要轮到自己了。这一次，又有谁能为杜甫唱哀歌呢？

一位现代诗人写了一首给杜甫的诗："你在荒村里忍受饥饿， 你常常想到死填沟壑，你却不断地唱着哀歌，为了人间壮美的沦亡。 战场上有健儿的死伤，天边有明星的陨落，万匹马随着浮云消没。你一生是他们的祭享。你的贫穷在闪烁发光，像一件圣者的烂衣裳，就是一丝一缕在人间，也有无穷的神的力量。一切冠盖在它的光前，只照出来可怜的形象。”

第三节

临终绝笔，风疾舟中伏枕书

一条破旧的船在湘江附近停泊着，疾病和饥饿折磨着杜甫，他想要回到洛阳，回到长安，但是身体告诉他，他快要离开这个让他眷恋的世界了。

腹内的绞痛，让杜甫每日大汗淋漓，身体忽冷忽热，咳嗽不断，意识越来越不清楚。船身的摇晃让杜甫的身体更加不适，在这样的情况下，杜甫伏在枕头上，写下了自己最后的一首诗《风疾舟中，伏枕书怀三十六韵，奉呈湖南亲友》。

圣贤名古邈，羁旅病年侵。舟泊常依震，湖平早见参。
如闻马融笛，若倚仲宣襟。故国悲寒望，群云惨岁阴。
水乡霾白屋，枫岸叠青岑。郁郁冬炎瘴，濛濛雨滞淫。

字字珠玑，如泣如诉。舟外风雨飘摇，狂澜大作，舟中的杜甫饱受疾病的折磨，在生存与死亡的边缘徘徊。当最后一个字缓缓落在纸上，杜甫的生命帷幕也在款款落下。一首《风疾舟中，伏枕书怀三十六韵，奉呈湖南亲友》仿佛凝结着杜甫一生的祸福，人生中曾经的一幕幕在脑海中回放，化作这如箭石般锋利沉重的文字，让每一位读者都不得不为之动容。

“乌几重重缚，鹑衣寸寸针”，杜甫的衣服上有着一块又一快的补丁，勉强穿在身上，就像是一个卑微的乞丐。一个时代最伟大的文学家，却在物质方面如此窘迫。

一个在精神上无比丰厚的人，却输给了生活。这真像是一出讽刺剧，这是对时代最大的讽刺。

可这讽刺却又不只属于诗人杜甫，属于“诗圣”杜甫，这讽刺属于被时代掩盖的更多的名字，属于在中唐时代悲惨死去的每一个文学家，每一个贤臣，每一个在时代的缝隙中奋力挣扎、坚守气节的文臣或武将，每一个在铁蹄下苦苦哀号的普通人民。

杜甫的痛苦就是人民的痛苦，人民的痛苦也被杜甫所经历着，他写下的不仅仅是他一个人的感受，他所写下的是时代的呼喊，是沉默的大多数的声音。

哀伤同庾信，述作异陈琳。十暑岷山葛，三霜楚户砧。
叨陪锦帐座，久放白头吟。反朴时难遇，忘机陆易沈。
应过数粒食，得近四知金。春草封归恨，源花费独寻。
转蓬忧悄悄，行药病涔涔。瘗夭追潘岳，持危觅邓林。

“战血流依旧，军声动至今。” 杜甫的心中有着最大的遗憾，他是抱恨而终的，就像南宋的陆游最后写的那首《示儿》中所写到的：“王师北定中原日，家祭无忘告乃翁。”杜甫是多么想看到天下的安定啊，可是他等不到了。

杜甫只活了 59 岁，像活了二三百岁一样。他经历的太多了，远不是一个人可以承受的。孟子说：“天将降大任于斯人也，必先苦其心志，饿其体肤，空乏其身，行拂乱其所为，所以动心忍性，增益其所不能。”杜甫的人生岁月并不太长，但是他却接下了上天给他的艰巨任务，他生命的厚度远远比那些无所作为的人要厚重。

59 年的光阴，杜甫好像是把几代人所经历的苦难全部集中到了自己身上，这份痛苦让他担得起“诗圣”两个字。

我们现在读杜甫的诗歌，也许我们能够被打动，也许我们会感同身受，也许我们会为这个受尽苦难的诗人流下眼泪，但是我们可能都不能完整地读懂杜甫的内心世界，因此我们所能做的就是靠近他。

越是靠近杜甫，越能懂得他的伟大。年轻的时候读李白，或许是爱做梦的缘故，流离之人愿意追逐着幻想的影子，也喜欢那份浪漫的飞扬。成熟之后却愿意读杜甫，因为早已不是那个“为赋新词强说愁”的年纪了，阅历越多，就越靠近杜甫，失败越多，越靠近杜甫，越成熟，也越靠近杜甫。也许，有的文人的作品真的要到一定年龄才会懂吧！类似的情况也发生在鲁迅身上，初出茅庐的年轻人即便喜欢鲁迅，可能也无法真正理解他。

万物看似随机，实则都有缘分的宿命。灵魂与灵魂的吸引，精神与精神的共鸣都离不开冥冥之中的天注定。如同世人对杜甫的喜爱，又怎会无缘无故呢？也许，这种情感如同一坛老酒，时间愈久远，积淀才愈丰厚。

在当今这个高速发展的社会，早就没有多少人追捧杜甫了，很少有人能静下心来读杜甫的诗歌。但是杜甫的诗歌却零零星星地散落在中学的语文课本里，并且浓墨重彩地在文学史上留下了重要的一笔，稳稳占据了唐诗重要的位置。

作为唐诗的两座高峰之一，杜甫的诗歌对后人产生了巨大的影响，李泽厚在《美的历程》中曾经表达过自己的看法，他认为李白的诗虽然好，但终究是个别天才的神来之笔，让人看得热血沸腾，继而发觉自己登天乏术，只好恨得牙根发痒；要到了杜甫的时代，才使得写诗，写好诗，成了有章法可循的事情。所以李白的欣赏价值高于杜甫，杜甫的取法意义超过李白。所以世间对二位的评价，一为仙，一为圣，倒也符合各自的特点。

写作《杜甫传》的冯志这样评价杜甫的诗歌："杜诗里的字字都是真实：写征戍之苦，《三吏》《三别》是最被人称道的；写赋敛之繁，《枯棕》《客从南溟来》诸诗最为沉痛；'生还今日事，间道暂时人'是流亡者的心境；'安得广厦千万间，大庇天下寒士俱欢颜'谁读到这里不感到杜甫博大的胸襟呢？由于贫富过分悬殊而产生的不平在'无贵贱不悲，无富贫亦足'这两句里写得多么有力；'丧乱死多门'，是一个缺乏组织力的民族在战时遭遇的必然命运。这还不够，命运还使杜甫有一次陷入贼中，因此产生了《悲陈陶》《悲青坂》《春望》诸诗，这正是沦陷区里人民的血泪……我们读这些名诗与名句，觉得杜甫不只是唐代人民的喉舌，并且好像也是我们现代人民的喉舌。”

第四节

江舟长逝，语不惊人死不休

江州从此逝，江海葬余生。

在这艘简陋的舟上，杜甫度过了自己生命最后的时间。唐朝的许多诗人都与水结缘，都把最后的生命与水融为一体。王勃省亲坐船不小心坠入水中，卢照邻长期下半身瘫痪，最后受不了痛苦投河自尽，李白坐船喝醉了酒要摘月亮掉入水中，而杜甫则跟他们都不一样，他是在舟中死掉的。被水环绕着的杜甫，直至最后都没有选择投河自尽，但他经历的却比别人都要痛苦的多，也许是因为看多了生命的无常，知晓了自己活着的不易，杜甫比旁人更加珍惜自己的生命，可是即便他拼尽全力想要活下去，也没有办法抵挡命运的无常和注定的死亡。

英国诗人雪莱说过一句经典的话："冬天来了，春天还会远吗？"杜甫的冬天来了，但他却没有办法再迎接下一个春天了。在莫砺锋所著的《杜甫传》中，对于杜甫的死有一句略带诗意的描述，书中写道："冬天到了，诗人病倒了。病倒在行往衡阳的舟中……一颗巨星就在这无限的孤独、寂寞中陨落了。"

代宗大历五年（公元770年）冬天，杜甫饮恨长辞人世。他再也不能看到太平的景象，再也不能拥抱自己的妻儿们，再也不能感受到曾在成都草堂时的愉快心情，再也不能回到他的故乡。

这样的死亡对于杜甫来说有些不公平，他本该有着身前之名，却只能被后人所无限追捧，但这样的死亡却又如此地符合杜甫的气质，他的一生就是这样的困苦，就是这样的孤独和无奈，被众人围绕着的死亡和被鲜花簇拥着的死亡，并不是杜甫所追求的，他不愿意像蝼蚁一样活着，为了一时的安宁，也不愿意像蝤蛴一样活着，背负功利的压力，杜甫所追求的是无愧于心的坦然，是求道弘道的入世。

他不愿意在该发言的时候保持沉默，也不愿意喧嚣着谄媚着求得一官半职。杜甫选择的是"宁鸣而死，不默而生"，这样的选择注定了他一生的颠沛，性格决定命运，杜甫的执拗，杜甫的坚持，杜甫的责任，让他的死注定了孤独，注定了无力，注定了悲剧的色彩。

杜甫的一生，为着他所深爱着的国家，为着他冒着仕途去竭力保护的人民，冒着战火硝烟，拄着拐杖，顶着风雪，写下一句一句的诗篇，记录了一件又一件他所不平之事。到他生命的终点，却没有一个人知道他在一艘小舟里死了，没有一个人去设法挽救他的生命。

死后的杜甫，仍旧没法挣脱命运的网，杜甫死后，他的妻儿没有能力将他的灵柩运回故乡去，只能停放到了岳阳，这一停就是43年。

杜甫的英灵在岳阳徘徊了43年，也许正因为如此吧，岳阳这个地方，有着杜甫的遗风，后世宋朝的范仲淹做了一篇《岳阳楼记》，里面写道："先天下之忧而忧，后天下之乐而乐。"在最后发出了一句感叹："微斯人，吾谁与归？"这个斯人是谁？也许在范仲淹的脑子里有很多人，但是毫无疑问，一定有一个位置是属于杜甫的。

杜甫跟范仲淹一样，都是这样的"斯人"，都是皱着眉头，快乐的时候少，烦恼的时候多，"不以物喜，不以己悲"，杜甫平生的第一快诗《闻官军收河南河北》是为什么而快乐呢？听到失地收复了杜甫最快乐，现在的我们，很少有人因为国家大事而快乐了，我们快乐的很简单，很频繁，但也很自我，很随意。也许，这也是杜甫的愿望，愿后世的人们能够不再因为战争而困扰，能够拥有简单的快乐。

43 年之后，杜甫的孙子杜嗣业将杜甫的灵柩迁葬于偃师西北的首阳山下。杜甫终于回到了故乡，这个飘零在外将近百年的游子，终于回到了自己小时候生长的地方，“死去何所在，托体同山阿”。一切终于归于宁静，这个奔忙了一辈子的伟大诗人终于可以安静下来，不用担心战火，不用忧虑生活，看着他所深爱的山河，看着他所深爱的人民。

杜诗虽因其对现实的深刻批判而受冷落于当时，但是到了中唐终于被人们认识了它的价值。中唐诗人张籍曾把杜诗一卷烧成灰末掺入饭中吃下，目的是“使我肺腑常清新”，用杜诗的精神营养自己。当时的韩愈和白居易都积极推举杜诗。此后，随着时间的推移，时代的更替，杜诗获得了人们越来越深的认识和越来越高的评价。

元稹在《唐故检校工部员外郎杜君墓系铭并序》中所论：杜诗“上薄风骚，下该沈宋，古傍苏李，气夺曹刘，掩颜谢之孤高，杂徐庾之流丽，尽得古今之体势，而兼人人之所独专”。

自宋代起，杜诗注本渐趋增多，而以清人的研究成果较为显著。比较著名的注本有郭知达的《九家集注》、金鸾刻的《集千家注杜工部诗集》、胡震亨的《杜诗通》、黄生的《杜诗说》、浦起龙的《读杜心解》、杨伦的《杜诗镜铨》、钱谦益的《杜诗笺注》、仇兆鳌的《杜诗详注》等。当代研究杜诗者亦具规模，杜诗选注本多次出版，又有四川文史研究馆编写的《杜甫年谱》、冯至的《杜甫传》、刘开扬的《杜甫》、朱东润的《杜甫叙论》、陈贻焮的《杜甫评传》等相继问世。陈贻焮先生的巨著资料翔实，见解颇新，每能给人以启发。

“早年感慨怨中晚，壮岁流离爱杜陵”，是冯先生晚年写的一首绝句中的自白。他不止一次自述他“壮岁流离爱杜陵”的经历。有一次他从一位多年漂泊在美国的朋友的诗集里发现“到底是读杜的年龄了”的诗句，引起了自己强烈的共鸣：

“我也正是在人生的中途开始认识杜甫的。这以前，我只知杜甫是中国最伟大的诗人之一，但我和他很生疏，总觉得他的诗与我无缘，直到抗日战争爆发，颠沛流离，目睹国家和人民的苦难，才渐渐接近杜甫，读他的诗，理解他的为人，全心全意地钦佩他，并为他写传。”

在中国的每一个时代都有如同杜甫一样的人物，但是却没有一个人能够超越杜甫。

如果抽掉杜甫，一部《全唐诗》会缺少了厚重。

后记

最初的时候，是被杜甫一句“安得广厦千万间，大庇天下寒士俱欢颜，风雨不动安如山！”而感动得涕泪横流……这般张扬气魄岂非一般的豪勇之士能比！

读子美诗者甚多，知子美人者甚少，究竟是怎样的一番经历，成就了一代“诗圣”杜甫的别样人生？

斯人已去，其香犹存。

心有琴弦，纵然客走茶凉，仍有款款小曲余音轻袅袅，仍有满树桂花知音酿酒香。

于是，这个 6 月，我带着一份憧憬，一份疑问，一份谦恭，走进了成都的杜甫草堂，唐朝清清瘦瘦的阳光似乎也悄悄映在此时的草堂上，重新抚触杜甫曾经走过的路，我决定用这些的文字来解读他人生的冰山一角。

文终字罄，手边茶已凉。我忍不住再次陷入深深地沉思……杜甫带给我的感动，久久无法平静。

上帝将一颗飘荡的心引领到曲折坎坷的生活道路上，开始了他的沧桑岁月。在求仕的路上，阴雨密布的朝廷原本便是摇摇欲坠，又怎能容得下意图为国为民、不与世俗论的杜甫？一次次的希望，一次次的打击，让杜甫一生的梦都惨遭蹂躏，他的“国破山河在，城春草木深”的凄楚呐喊，发自于内心深处，撼动着大唐的江山。

“诗圣”杜甫用其一生造就“诗史”，“三吏”、“三别”在他的笔下越发彰显着批判现实主义的魅力风采。当“杜甫”二字成为中学教科书上的常客，当一曲“会当凌绝顶，一览众山小”划破天际苍穹，当“出师未捷身先死，长使英雄泪满襟”的豪情成为历史上浓墨重彩的一笔，孤独的杜甫用文字震撼了全世界，心中的那份赞叹难以自抑！

一首首质地坚硬的诗歌源于一个伟大的人格。目之所及满是兵戈争锋，哀鸿遍野，他的心灵开始随着战争的节奏共振，借着篇篇诗作再现世界原貌，抒发喜怒哀乐，彰显着对生命价值的尊重。这正是杜甫诗歌的成就所在，超越国界和地域，散发出永久的人性魅力。

最后一个字结束，恍然觉得内心无比充实。杜甫一生的生活是贫困的，然而他的生命确是无比地充盈。让我们伸出手掌，用心灵做通道，触摸一个真实的杜甫形象。